STUDY ON THE LEGAL
BINDING FORCE OF PRIOR
PROMISE

先 期 允 诺
法律约束力研究

吴晓晨 / 著

大连海事大学出版社
DALIAN MARITIME UNIVERSITY PRESS

图书在版编目(CIP)数据

先期允诺法律约束力研究／吴晓晨著. — 大连：
大连海事大学出版社，2023.12
ISBN 978-7-5632-4506-2

Ⅰ.①先… Ⅱ.①吴… Ⅲ.①合同法—法律效力—研
究 Ⅳ.①D913.604

中国国家版本馆 CIP 数据核字(2024)第 016770 号

大连海事大学出版社出版

地址:大连市黄浦路523号 邮编:116026 电话:0411-84729665(营销部) 84729480(总编室)
http://press.dlmu.edu.cn　E-mail:dmupress@dlmu.edu.cn

大连金华光彩色印刷有限公司印装　　　　　　大连海事大学出版社发行
2023 年 12 月第 1 版　　　　　　　　　　　2023 年 12 月第 1 次印刷
幅面尺寸:170 mm×240 mm　　　　　　　　　　　　印张:10
字数:179 千　　　　　　　　　　　　　　　　印数:1~500 册
出版人:刘明凯

责任编辑:刘若实　　　　　　　　　　　　　　责任校对:孙笑鸣
封面设计:解瑶瑶　　　　　　　　　　　　　　版式设计:解瑶瑶

ISBN 978-7-5632-4506-2　　　　定价:30.00 元

序

　　正义是法的先导。正如罗尔斯所言:正义是社会制度的首要价值,正像真理是思想体系的首要价值一样。合同自由与合同的实质公正应共同成为调整合同关系法律规范的先导,特别是面对数字化时代交易生态的深刻变化,网络营销等电子商务经济的迅速崛起,交易模式的日益复杂和多样化。对合同正义的阐释应更多关注交易本身的互惠与公平,在确保当事人平等自愿缔约和履约的基础上,合同最终应尽可能确保实现当事人之间的利益均衡。因此,对双方当事人意图的最终的、完整性表达的考查不能仅局限于作为正式文本的书面合同,散佚于合同书面文本之外的允诺也应成为解释当事人真意、衡量当事人关系的重要因素和尺度。

　　合同正式签署前,双方当事人在谈判过程中形成的,最终并未明确订入最后协议中的说明和允诺应否具有法律约束力,是一个争议较大、较为复杂的问题。该问题也并非商品房买卖关系所独有,而是广泛存在于诸多种类的合同关系之中,是应由法律解释或司法解释予以充分回应的普遍性问题。民法典草案制定过程中曾就可以构成合同条款的允诺的概念和规则进行专条规定,允许未载入合同但构成当事人合理信赖的说明和允诺进入合同内容,但该条文最终在《民法典》中未予体现,不无遗憾。

　　从比较法上来看,各国合同立法以及司法实践在不同程度上给予了先期允诺以法律约束力空间。大陆法系国家依托于诚信原则和信赖保护理念,为书面合同之外的条款进入合同以及解释书面合同用语提供了明示性规范。例如《法国民法典》第1194条规定:合同不仅对其表述的诸事项产生义务,而且对于依公平、习惯或者法律赋予它的所有随附结果产生义务。英美法系国家则基于先期允诺对合同文书影响的重要性以及其所处合同关系、影响条款类型的不同对先期允诺的法律约束力做出较为全面且妥适的安排,包括构成主合同条款、附属合同、合同解释以及买卖合同和消费合同中的特殊规定。美国《统一商法典》将卖方向买方作出的构成交易基础的许诺、对事实的承认、对货物的说明以及样本或模型认定为是卖方向买方作出的明示保证。美国《消费者合同法重述》(第五版)设专条规定:同企业先前确认的事实或承诺相矛盾、对其不合理贬制或未能就此产生合理的预期效果的格式合同条款不构成就该条款协议的最终表达,也不具有根据口头证据规则解除先前确认事实或承诺而产生的义务的效力。口头证据规则是英美法系通用的关于外部证据是否能够引入合同的鉴别规则。作为捍卫书面文书严肃性的形式规则,曾一度被认为是阻碍先期允诺进入合同的制度壁垒。事实上,口头证据规则因逐渐衍生出大量的例外规则,而成为赋予先期允诺法律约束力的重要来源。盖因其注意到,口头证据规则虽意在实现确定性,但对该规则的严格适用则会导致大量关涉当事人意图的证据被不公平地排除在外,既是对合同当事人意思自治的违背,也是对合同法公平正义追求的倾覆。从本质上来说,达致合同确定性与公平性的平衡,始终应是现代合同法的核心追求。

正义理论是本书论证先期允诺法律约束力正当性的核心理论依据。本书立足对两大法系合同法律约束力理论基础的规范分析,结合亚里士多德对交换正义的阐释,提出贯穿本书的核心观点:形式是谨慎允诺的标准,而不是允诺人意图授予受诺人权利的标志。决定允诺效力正当性或者说决定合同边界的从来都不是书面形式,而是允诺的内容。当事人的意志并非合同约束力的唯一来源,附加于当事人合意之上的物质性因素,为合同缘何具有法律约束力提供了正当性、本源性的解释,这种附加性因素,在大陆法系即为"原因",而在英美法系则为"约因"和"信赖"。决定允诺效力正当性的,不仅是单纯的意志,而应当是被物化的、由德性引导的意志,此处引导意志的"德性",即为交换正义。

交换正义理论作为合同具有历史约束力的根本原因,能够为现代合同法强调公平交易提供理论依据。根据现代合同法的正义理论,决定合同自由与合同正义之间张力程度的是当事人是否具有真正的合意,换言之,只有当合同是基于双方当事人真正合意的情况下,合同自由方且值得被保护,主观等值性标准应当被遵守。而先期允诺约束力出现认定分歧的场景,往往是受诺方信赖允诺而订立合同,后允诺方企图不履行该允诺;或允诺方利用其经济上的优势地位,以格式合同中的免责条款或完整条款排除其先期允诺责任。无论哪种情形,都应当遵循客观等值性的实质正义观念,要求允诺与对应允诺或对应履行之间的对等和均衡。先期允诺法律约束力认定,应当合理遵循给付与对待给付的客观等值性的实质正义观念,以交换正义为基本向度,以允诺的执行是否同交换正义相符为判定标准,决定该允诺的法律约束力。

作为外部来源的先期允诺的法律约束力认定,虽意在保护民事主体间在交易过程中的实质正义,但也应当兼顾书面合同的严肃性与书面证据的优先性。因此,本书提出合同文书不具有终局性是允许引入先期允诺还原当事人订约意图的前提。关于合同文书终局性的判断,本书在对威利斯顿和科宾两位教授关于文本主义和语境主义的理论阐释基础上,以合同订立是否经公平和详细谈判,即是否存在双方对谨慎和正式签订的协议的合理信赖为基础,根据合同文本终局性程度的不同予以细化配置。

解释结果与合同原意的范围界定要求进入合同的先期允诺本身应具有正当性。本书认为,只有承载当事人订立法律关系意图的先期允诺方且应当具有法律约束力,判断标准为先期允诺人具有受法律约束的意思,受诺人的信赖具有合理性以及先期允诺对合同内容具有重要性,包括对缔约意图、合同内容、合同效力的重大影响,并就先期允诺法律约束力的具体形态及认定后的法律后果展开细致阐释。

本书以现行法律规范与司法实践为基础,将先期允诺问题作为体系性问题看待,并对其进行全面细致且层次分明的分析与阐释,构建了先期允诺法律约束力规则的系统性规范体系,具有较高的理论价值,也为司法实践的适用提供了良好的助益。其中,将先期允诺与合同文本的相互联系及影响作为其法律约束力强度差异划分的依据,并据此对先期允诺予以类型化的解释,是本书值得一提的亮点。本书以允诺人与受诺人之间互动关系的双向考评为基础,提出构成要约内容的先期允诺,作为合同诱因的先期允诺,构成合同生效条件的先期允诺以及解释合同条款的先期允诺均应具有法律约束力,并分类阐释了约束力来源及认定标准。

允诺的执行问题是合同法体系中的基础性问题,先期允诺的法律约束力问题也应得到理论与实务界的更多关注。2023 年 12 月 5 日起施行的《民法典合同编通则司法解释》第 1 条在《民法典》第 142 条第 1 款与第 466 条第 1 款的基础上,将"缔约背景、磋商过程、履行行为等因素"增设为解释合同条款的参考因素,从规范意义上承认了先期谈判证据的解释效力,也为外部资料如何承担对合同文本的解释功能提供了新的探讨框架和思考空间。

晓晨是我指导的博士生,作为她的导师,我很高兴看到她在教学科研上的持续精进。本书是在她的博士论文的基础上修改形成,也希望她能够以此书为起点,继续保持专注认真的学习态度,继续努力,在以后的教学与学术道路上作出更多的贡献。

是为序。

马新彦

2023 年 11 月 6 日

前　言

　　先期允诺问题是国内民法理论研究不多但实践争议较大的重要话题,我国实证法在具体规则上虽有相关制度反映,但因该问题涉及合同内责任到合同外责任的延展,从合同法注重形式正义到探究当事人真意的实质正义转换,需结合合同法理论在现代交易背景下对其进行体系性解释。

　　双方当事人在合同前谈判中形成的未订入最后协议中的说明和允诺能否进入合同,以何种身份、何种方式进入合同及其可能产生的法律后果,是本书构建先期允诺规则体系意在解决的核心问题。对于该问题的阐释,各国立法特别是英、美、法已有长期的传统,集中体现为以信赖原则为基础的允诺禁反言对口头证据规则的侵入和口头证据规则例外情形的大量扩张,《国际商事合同通则》与《联合国国际货物销售公约》对于先期允诺的法律约束力也均给予不同程度的肯定。可以看到,合同确定性和公平性的平衡始终是现代法院寻求实现的普遍性目标和追求。

　　本书以先期允诺及其法律约束力为研究对象,将其放入大陆法系的原因理论,英、美、法系的约因及禁反言理论框架来阐述,确立了先期允诺规则对合同内容修正的基本价值立场,即合同自由与公平正义的平衡。该立场以合同法的基本原则和合同法理念为依托,在传统合同法注重形式主义要件、追求客观性的基础上,提出合理利用合同外部资源,探究当事人缔约时的内心真意,强化允诺所负载的物质性因素在合同约束力领域的决定性作用,强调对当事人预期与信赖保护的重要性,并以此构建类型化的先期允诺法律约束力认定规则。本书对于先期允诺研究的理论拓展与司法适用均具有重要的理论和现实意义。

　　本书的形成源自恩师马新彦教授对信赖原则长期关注的启发与引导,信赖原则与合同效力根据之间同样存在着重要的互动关系。在结合大量国内司法案例及国内外资料的梳理后得出关于先期允诺应然性规范路径的基本结论,并在教学与学术交流中对该结论予以反复推敲与修正,最终形成本书。在此衷心感谢硕士与博士导师马新彦教授、博士后导师李国强教授对于本书的指导和帮助,感谢我的父母给予我学术研究的全力支持,感谢我的同事、朋友、家人和学生,他们是我坚持潜心学术的重要力量。

本书的初稿形成于2019年冬天,并于2023年冬天定稿出版,冬天对于东北的孩子有着极为特殊的意义。长春漫长而安静的冬天,夹杂着清凉味道的空气,拉开窗帘即可见的皑皑白雪,雪地棉踩在雪地上吱嘎吱嘎的声音,让人安心专注的图书馆,志同道合的同学和朋友,温暖着我最美好的青春,呵护了我最珍贵的梦想,是我无比珍视和怀念的人生经历,母校是我们永远的精神家园。

毕业后回到故乡执教,某次开会返程的火车上看到了东北辽阔土地上大片大片绿油油的稻田,坚定了自己扎根家乡的决心和信念,激励自己站好讲台,带好学生,做好学术,尽全力守护好教师这份职业的坚守,守护好我亲爱的学生们,守护好对学术纯粹的初心和热爱,守护好哺育我的家乡和这片热烈的土地。

吴晓晨

2023 年 12 月于大连

目　录

绪　论 ……………………………………………………………………… 1

第一章　先期允诺基本概述 ……………………………………………… 9
　第一节　先期允诺概念解析 ……………………………………………… 9
　第二节　先期允诺法律约束力的立法现状 …………………………… 13
　第三节　司法实践中的先期允诺纠纷概况 …………………………… 18
　小　结 …………………………………………………………………… 33

第二章　先期允诺法律约束力的比较研究 …………………………… 34
　第一节　大陆法系先期允诺的法律约束力 …………………………… 35
　第二节　英美法系先期允诺的法律约束力 …………………………… 39
　小　结 …………………………………………………………………… 46

第三章　先期允诺法律约束力的正当性根据 ………………………… 47
　第一节　先期允诺法律约束力的现实依据 …………………………… 47
　第二节　先期允诺法律约束力的理论基础 …………………………… 52
　第三节　先期允诺法律约束力的价值基础 …………………………… 66
　小　结 …………………………………………………………………… 77

第四章　先期允诺法律约束力认定的基本规则 ……………………… 79
　第一节　先决条件:合同文书非为当事人意图的完整表达 ………… 79
　第二节　构成要件:先期允诺承载当事人的法律意图 ……………… 95
　小　结 …………………………………………………………………… 103

第五章　先期允诺法律约束力的具体形态 ………………………… 105
　第一节　构成要约内容的先期允诺 …………………………………… 106
　第二节　作为合同诱因的先期允诺 …………………………………… 112
　第三节　构成合同生效条件的先期允诺 ……………………………… 118
　小　结 …………………………………………………………………… 119

第六章　先期允诺法律约束力认定的法律后果 …………………… 120

　第一节　合同成立时的法律后果 …………………………………… 121

　第二节　合同未成立时的法律后果 ………………………………… 128

　小　结 ……………………………………………………………… 129

第七章　合同解释视域下先期允诺的法律约束力 ………………… 131

　第一节　先期允诺的合同解释约束力来源 ……………………… 131

　第二节　先期允诺解释合同条款的具体情形 …………………… 133

　第三节　先期允诺解释合同条款时的法律后果 ………………… 135

　小　结 ……………………………………………………………… 137

结　语 ………………………………………………………………… 138

参考文献 ……………………………………………………………… 139

绪　论

一、研究的背景和意义

社会经济条件的深刻变化导致现代民法理念由形式正义转向实质正义。[①]在契约自由与公平正义的共生与博弈的基础上,实现从形式正义到实质正义的转向,是现代合同法理念的时代意蕴。

以允诺禁反言和缔约过失责任为核心构筑的信赖利益保护体系拓宽了合同的边界,双方当事人对相互间所负义务的感知不再仅拘泥于限定行为价值的合同条款,还包括建立在合作、妥协和善意交易等关系基础上的合理预期。信赖利益的保护理念将合同义务扩展到合同前谈判和订立阶段,为先合同领域中道德上应受指责的谈判行为和法律上应受谴责的谈判行为之间划定一个连贯的分界线,使非源于合同本身的道德义务实现了从道德正义到法律正义的过渡。同时,法律正义的过渡赋予了非正式允诺以强制执行力。在依常态法或正统法当事人所实施的法律行为不应具有法律效力的场合,给予了当事人的非要式行为发生要式行为的法律效力的正当性理由。

19 世纪工业社会的发展使得建立在财产关系和雇佣关系基础之上的身份法则因无法满足时代发展而被弃置,当事人按照自身需要构建相互之间的契约关系成为过渡时期的主要法则,合同法反映了"从身份到契约"的运动。[②]现代社会中广泛存在的具有自身身份法则的保险关系、零售消费关系、商业供

[①] 梁慧星:《从近代民法到现代民法——二十世纪民法回顾》,《中外法学》1997 年第 2 期,第 24 页。

[②] 参见[美]罗纳德·波斯顿:《美国合同法的当前发展趋势》,张礼洪译,《外国法译评》1995 年第 1 期,第 73 页。

销关系、特许经营转让关系等,这意味着当事人意愿不再成为判定合同是否承载合意的唯一因素,双方法律地位、身份及交易类型亦被赋予极其重要的位置。可以说,从某种程度上,现代合同法正在实现"从契约到身份的回归"。消费者作为缔约力量的崛起,突破了传统合同法所基于的"平等"主体预设,迫使法律正视当事人之间经济地位不平等的现实。

20世纪下半叶,伴随着古典主义契约法的衰落,解释法也逐渐从僵化、迷信的形式主义逐步走向灵活的理性主义。① 合同解释的目标取向逐渐从"了解合同"转换为"发现、执行当事方的实际意图"。合同解释的方法论也从文本主义向语境主义转变。法院在合同解释争端中不再拘泥于书面文本,而是逐步拓宽合同解释可用信息的边界,以探寻"当事人的真实理解"。语境主义解释方式的兴起,强调具体案件利益衡量,颠覆了传统概念法学注重形式逻辑解释的基本理念。

合同法的共有价值标准和观念取向也随之改变,现代合同法开始逐渐摆脱对借助合同形式保护契约自由的极度依赖,转而寻求民事主体在交易过程中的实质平等。鉴于作为合同正式文本的书面文书并非当事人缔约过程中诸多允诺的唯一表达,书面文书也并非意在整合当事人之间的所有条款,合同订立前允诺的法律约束力问题日益受到关注。

就先期允诺法律约束力的司法裁判状态而言,整体呈现既有规范无法有效涵摄司法实践中日益增长、扩大的先期允诺纠纷案件,因此迫切需要理论层面给予足够的支撑与帮助。此为本书写作的意义与目的:

首先,结合我国现行法律秩序,初步构建先期允诺法律约束力规则的基本理论体系。基于现实生活中先期允诺具有的强大生命力,可以预见到先期允诺纠纷将在社会经济生活的多个领域不断涌现。通过对先期允诺规则的梳理与阐释,构建围绕先期允诺法律约束力认定基本规则、先期允诺法律约束力具体形态以及先期允诺法律约束力法律后果的系统性规则体系,为法官判定先期允诺法律约束力提供具体明确的指引。

其次,建立同民法基本体系之间的有机关联,促进民法体系的融贯。一方面,融贯合同解释规则体系。先期允诺实质为合同解释过程中外部证据(Extrinsic Evidence)的使用与采信问题,通过对我国现行立法、司法裁判中合同解

---

① See John Henry Wigmore, *A Treatise on the Anglo-American System of Evidence in Trials at Common Law*. New York: Little Brown and Company, 1940.

释对象确定的问题进行细致探讨,为我国合同解释规则体系的规范化提供有效的理论进路。另一方面,融贯合同前责任体系。借助先期允诺的法律约束力认定,对合同前的合意施与平等的关照,为道德上应受指责的谈判行为和法律上应受谴责的谈判行为之间划定一个连贯的分界线。此外,先期允诺法律约束力规则的构建,还可为单方允诺提供法律适用的正当性,特别是对特定人的单方允诺,以调和单方允诺与合同合意的矛盾与冲突。

最后,梳理和澄清先期允诺相似概念之内涵,实现同国际商事交易实践的有效对接。一方面,结合我国现行法秩序,以司法裁判样本为基础,梳理我国先期允诺概念的内涵和外延,并以此为基础,结合我国现行法秩序,系统化构建先期允诺法律约束力规则的基本理论体系。另一方面,以域外立法为镜鉴,通过对域外先期允诺法律约束力立法现状的考察,明晰先期允诺规则的适用领域、与相关规则的界限,以法律概念的协调实现同国际商事交易实践的对接。

二、研究综述

(一)域外相关研究综述

国外对于先期允诺法律约束力问题的研究起步较早,虽未就先期允诺法律约束力的规则存在系统性专项研究,但在先期允诺的法律约束力认定、具体形态、法律后果的研究层面积累了相对丰富的成果。大陆法系崇尚概念、逻辑和理性,英美法系崇尚实用主义[①],两大法系在价值观念基调的选择上存在差异,但就先期允诺的规则而言,两大法系学者的研究在出发点和侧重点上存在共性,集中体现为围绕当事人意图解释规则、信赖利益保护规则领域对先期允诺法律约束力的路径研究。特别是围绕当事人意图进行解释规则的探讨,两大法系学者都认为,合同是完全依靠当事人的内心真意(Intention)的结果,而非法院强加的,法院不为当事人订立合同,也不调整或者改变由当事人拟定的条款。McLauchlan 教授据此提出:"法院在解释书面合同时的任务是确定并使双方当事人的意图生效,双方当事人的意图应根据他们在整个文书中所用的

---

① See P. S. Atiyah, *Pragmatism and Theory in English Law*. London: Stevens & Sons Ltd, 1987, p.6.

词语和周围的情况来确定。"①

在信赖利益保护领域的研究中,两大法系的学者都认同,以对合同当事人预期的保护为基础,确定先期允诺的法律约束力。譬如,学者 D. W. Greig 认为,当事人于合同订立前商定的内容须被视为未来合同的预期基础。② Lucian Arye Bebchuk 和 Omri Ben-Shahar 教授从合同前信赖的角度出发,探究如何设置初步陈述规则以诱导合同最佳信赖。③ 德国学者也认为应对处于法律关系中的当事人给予可合理期待的照顾。④ 有所不同的是,基于英美法系口头证据规则的存在,英美法系关于先期允诺法律约束力的研究偏向于允诺禁反言原则与口头证据规则之间的相互作用及适用趋势。Michael B. Metzger 教授探讨了在信赖原则持续扩张的巨大势头下,允诺禁反言原则与口头证据规则之间的相互作用及适用趋势。他认为,信赖原则的扩张性和现代法院寻求"公正"结果的普遍趋势表明,允诺禁反言原则的扩张与口头证据规则本身的实施所呈现普遍自由化趋势与法院在口头证据规则案件中适用允诺禁反言以获得公正结果,都体现出允诺禁反言意欲吞噬口头证据规则的趋势。⑤ 此外,David G. Epstein、Melinda Arbuckle 和 Kelly Flanagan 三位教授也认为,完整合同订立前做出的允诺禁反言案件,应以信赖合理性为依据,而非以口头证据规则的适用为前提。⑥

(二)国内相关研究综述

我国现行理论界尚未有关于先期允诺法律约束力的专项性研究,仅存在针对先期允诺规则的零散性探讨。具体而言,学界关注的焦点主要集中于两个维度:先期允诺的普遍性法律约束力是否具有正当性以及先期允诺构成合同内容的具体进路。就前者而言,集中体现为就《合同编(一次审议稿)》第

---

① David McLauchlan. "The New Law of Contract Interpretation", 19 *New Zealand Universities Law Review* (2000) 147:p.176.

② D. W. Greig. "Expectations in Contractual Negotiations", 5 *Monash University Law Review* (1979) 165: p.175.

③ Lucian Arye Bebchuk & Omri Ben-Shahar. "Precontractual Reliance", 30 *The Journal of Legal Studies* (2001) 423:p. 433.

④ 陈永强:《民法学说与比较民法》,法律出版社 2017 年版,第 9 页。

⑤ Michael B. Metzger. "The Parol Evidence Rule: Promissory Estoppel's Next Conquest", 36 *Vand. L. Rev* (1983) 1383:p.1383.

⑥ David G. Epstein, Melinda Arbuckle, Kelly Flanagan. "Contract Law's Two P.E.'s: Promissory Estoppel and the Parole Evidence Rule", 62 *Baylor Law Review* (2010) 397:p.422-423.

281 条能否作为一般规则予以保留的立法探讨。具体而言,主要存在三种观点:第一,否定说。持此观点的学者认为,合同订立中,当事人在协商谈判过程中可能形成各种允诺,但最终仍然要以确定性的合同文本为准,此为保护合同的稳定性和可预期性的需要。书面合同的订立视为当事人以替代合同的方式解除并撤销在先订立的所有合同和允诺。对先期允诺法律约束力的普遍承诺会严重损害正式合同的效力,影响合同的严肃性,并且可能会刺激、诱发大规模的群体诉讼。因此,不宜将先期允诺规则作为合同法普遍性适用规则。① 第二,肯定说。持肯定说观点的学者认为,先期允诺法律约束力规则是对中华民族一诺千金的优良传统的法律确认,更是社会主义核心价值观中"诚信"的法律表达。确立合同订立前允诺的法律效力的普遍性规则,对营造信守允诺的社会氛围,促进商业信用水平的提升和诚信社会的构建,具有重要的文化意义。普遍性地确认合同订立前允诺的法律效力并不会损害合同正式文本的严肃性或影响合同的可预期性。② 第三,限缩说。持限缩说观点的学者认为,先期允诺的法律约束力规则应存在与买卖合同或消费合同领域。基于合同订立前做出允诺,事后发生争议的问题常见于司法审判之中,特别是经营者在销售过程中向不特定公众做出的允诺,客观上确实会影响消费者的判断,事实上也确实构成了合同成立的基础,应当考虑其进入合同的正当性,但将其提升到合同法总则,对所有合同普遍适用不免跨度过大,可能会产生不良后果。③ 就后者而言,表现为近年来学者对于要约邀请构成要约的容纳规则的探讨。有学者认为,要约邀请中涵盖了交易条件或为交易条件提供保障,则可转化为要约内容。④ 也有学者认为,如果要约邀请中含有影响合同订立的内容,并且该要约邀请在随后的磋商过程中存在未被否定的内容,不强制执行该未被否定的

---

① 参见王利明:《关于<民法典分编(草案)· 合同编>的意见》,http://www.civillaw.com.cn/zt/t/? id = 34837,访问日期:2019 年 6 月 26 日;梁慧星:《关于民法典分则草案的若干问题》,《法治研究》2019 年第 4 期,第 6 页。

② 《签订合同前说好的事情、许下的诺言,到底能不能信? 算不算数》,法制日报,https://new.qq.com/omn/20190106/20190106A0XDBH.html,访问日期:2019 年 8 月 25 日。

③ 参见韩世远:《民法典合同编一般规定与合同订立的立法问题》,《法学杂志》2019 年第 3 期,第 27 页。

④ 参见隋彭生:《论要约邀请的效力及容纳规则》,《政法论坛》2004 年第 1 期,第 87 页;张华、沈忱:《要约邀请、要约和承诺的效力认定》,《法律适用》2013 年第 9 期,第 66 页。

内容对当事人权益将造成损害,则该内容自动成为合同内容。① 针对广告构成要约的容纳规则,有学者认为,如果广告中的意思表示对广告受众有利,则广告进入要约并修改契约中与之相抵触的条款;如果契约条件有利于广告受众,则广告不进入要约而受到契约条款的修正。②

三、研究框架

本书的研究对象为先期允诺的基本概述、法律约束力的正当性根据、法律约束力认定的基本规则、法律约束力认定的具体形态及法律后果。本书共分为六个部分展开,第一部分就先期允诺的内涵和外延进行廓清,并就比较法上对先期允诺法律约束力的规定予以系统梳理,为后续分析的展开奠定基础;第二部分从现实依据、理论和价值基础角度就先期允诺法律约束力的正当性根据进行充分的理论论证,以证成先期允诺法律约束力的正当性及必要性;第三部分探讨先期允诺法律约束力认定的基本规则,以合同文书非为当事人意图的完整表达为先决条件,以意思表示的确定性、受诺人的合理信赖以及该允诺对合同订立的重大影响为具体标准;第四部分明晰先期允诺法律约束力的具体形态,从构成合同的先期允诺与解释合同条款的先期允诺两个维度进行综合分析;第五部分考察先期允诺法律约束力认定后的法律后果,在第四部分的基础上,阐明先期允诺构成合同内容时以及解释合同条款时的不同法律后果;第六部分结合前述讨论以及对我国先期允诺纠纷司法适用现状的考察,探究先期允诺在民法典中的应然定位,并从意思表示解释出发探讨《中华人民共和国民法典》(以下简称《民法典》)未予条文化的先期允诺规则进路。具体框架安排如下:

第一章,先期允诺基本概述。本章旨在厘清研究开展的基础问题,即先期允诺的内涵与外延,并就先期允诺与单方允诺、先合同陈述、先合同协议的法律关系进行厘定,同时结合民法典草案起草过程中的变迁以及司法适用情况对先期允诺法律约束力规则予以梳理和分析。

第二章,先期允诺法律约束力的比较研究。本章通过分别对大陆法系关于先期允诺法律约束力的规定以及英美法系具有法律约束力的先期允诺进行

---

① 参见王敬华:《论要约邀请的内容与合同内容之间的容纳关系——兼论我国〈合同法〉相关条款的完善》,《法学杂志》2010 年第 5 期,第 108 页。

② 参见綦骏:《论广告进入契约的可能性及其实现》,《法商研究》2005 年第 1 期,第 72 页。

梳理,探究先期允诺法律约束力的不同规制模式。

第三章,先期允诺法律约束力的正当性根据。先期允诺法律约束力的正当性是构建先期允诺法律约束力规则体系的前提性问题。本章通过对大陆法系及英美法系合同法律约束力理论的系统梳理,得出结论:决定允诺法律约束力正当性的是允诺的内容,而非允诺的做出方式;当事人的意志并非允诺法律约束力的唯一来源,允诺本身所负载的物质性因素在其法律约束力层面具有决定力;交换正义是决定允诺法律约束力的基本依据。同时,探究先期允诺应当具有法律约束力的现实依据与价值基础。

第四章,先期允诺法律约束力认定的基本规则。先期允诺法律约束力认定规则是先期允诺法律约束力规则体系的核心问题,本章主要从两个维度进行分析:第一,合同文书非未当事人意图的完整表达是先期允诺得以具有法律约束力的先决条件,只有在最终合同文书未承载当事人全部、实际的共同意图的情况下,才赋予先期允诺超越合同文本的法律效力。第二,先期允诺具有法律约束力还需满足允诺人具有受约束的意图、受诺人的合理信赖以及该允诺对合同订立的重大影响的具体标准。

第五章,先期允诺法律约束力的具体形态。抽象的规范需要辅之以具体的形态释明,方能为裁判提供适当、公平的依据。先期允诺法律约束力的具体形态的阐述是为司法裁判提供裁量限度与适用的指引。具体而言,先期允诺可通过构成合同诱因、要约内容、合同的生效条件或产品销售中的明示保证,径直进入合同内容。

第六章,先期允诺法律约束力认定的法律后果。先期允诺具有法律约束力直接导致当事人如违反合同约定的内容,即产生相应的法律后果及责任的强制状态。本章以先期允诺构成合同内容后的允诺不同形态为基础,探讨不同维度下违反先期允诺应当承担的法律后果。

第七章,先期允诺除可作为合同内容外,亦可作为合同订立的事实背景,成为解释合同文本和填补合同漏洞的辅助工具,本章探讨合同解释视域下先期允诺的法律约束力,包括先期允诺的合同解释约束力来源、先期允诺解释合同条款的具体情形,以及先期允诺解释合同文本与填补合同漏洞的不同法律后果。

四、研究方法

本书研究的对象是合同法的一项基础制度,对合同法规范交易秩序、实现公平正义理念以及指导司法实践中合同纠纷的解决具有重要影响。因而需要立足于本土化的实践经验及立法秩序的基础上对我国先期允诺法律约束力规则体系的法律构造进行反思和完善,同时,鉴于我国现行立法中尚未有关涉先期允诺法律约束力的规范,借鉴域外典型立法例的有益经验亦是本书研究的重点。为实现研究目的,本书主要采用以下三种研究方法:

(一) 实证分析方法

本书以商品房买卖合同和其他合同中的先期允诺及其法律约束力、认定方法进行了实证考察。本书首先以商品房买卖合同为研究对象,对《商品房买卖司法解释》第 3 条尚未覆盖的先期允诺类型进行实证考察,并分析法院对于此类先期允诺的态度及法律约束力认定方式。同时,本书以商品房买卖合同之外的合同类型为研究对象,对其他合同中的先期允诺类型及法院态度、法律约束力认定方法进行了详细研究。

(二) 比较的分析方法

本书对先期允诺法律效力的研究以中国的司法实践为土壤,同时积极汲取国外的相关经验为镜鉴。本书对大陆法系和英美法系不同国家对先期允诺的法律约束力认定态度及认定方法进行了全面考察,并进行了详细的横向及纵向对比,在此基础上构建先期允诺规则的规范体系。

(三) 法解释学的方法

法解释学下的一般条款和不确定概念的具体化(价值补充)方法,为本书的主要研究方法。采用一般条款的具体化(价值判断)的方法将先期允诺放置于意思表示解释规则内予以动态化续造,是在法律概念体系下解决先期允诺规范配置的有益方法。同时,注重利益衡量和价值判断,为先期允诺法律约束力规则体系构建选取最佳解释方法。

第一章
先期允诺基本概述

　　社会经济条件的深刻变化导致现代民法理念由形式正义转向实质正义。[①]合同法的共有价值标准和观念取向同样发生改变。消费者作为缔约力量的崛起,突破了传统合同法所基于的"平等"主体预设,迫使法律开始正视当事人之间经济地位不平等的现实。现代合同法开始逐渐摆脱对借助合同形式保护契约自由的极度依赖,转而寻求民事主体在交易过程中的实质平等。以允诺禁反言和缔约过失责任为核心构筑的信赖利益保护体系拓宽了合同的边界,双方当事人对相互间所负义务的感知不再仅拘泥于限定行为价值的合同条款,还包括建立在合作、妥协和善意交易等关系基础上的合理预期。此外,语境主义解释方式的兴起,强调具体案件利益衡量,颠覆了传统概念法学注重形式逻辑解释的基本理念。在契约自由与公平正义的共生与博弈基础上,实现从形式正义到实质正义的转向,是现代合同法理念的时代意蕴。鉴于作为合同正式文本的书面文书并非当事人缔约过程中诸多允诺的唯一表达,书面文书也并非意在整合当事人之间的所有条款,合同订立前允诺的法律约束力问题逐渐进入大众视野。

第一节　先期允诺概念解析

　　概念的深刻认识能够加深对现象的认知。[②] 对法律概念的认识不仅需要

---

① 梁慧星:《从近代民法到现代民法——二十世纪民法回顾》,《中外法学》1997 年第 2 期,第 24 页。

② J. L. Austin, "A Plea for Excuse", 57 *Proceedings of the Aristotelian Society* (1956—1957)1: p.8.

探究其语言内涵,还需将其放置于使其性质更为清晰的事物家族或种属的存在,通过同他类事物之间界限的划分以加深对概念的认识以及其深层次内涵的认知,促使法律概念的使用原则变得清晰,此为理解法律之钥。由此,对先期允诺的概念解析既需明晰其层次内涵,亦需就其与同类法律概念的界限予以廓清。

一、先期允诺的内涵界定

对于先合同谈判期间当事人作出的允诺,我国理论界尚无明确、统一的概念,有学者将其称为"先期谈判中的允诺",①亦有学者将其称为"被视为合同条款的特定允诺",②或"构成合同条款的允诺"③。为避免歧义,本书称其为"先期允诺",意指合同正式签署前,双方当事人在谈判过程中形成的,最终并未明确订入最后协议中的说明和允诺。对于此概念的理解,有以下几点需要说明:

第一,从先期允诺的含义上看,先期允诺包含合同订立同期的允诺。先期允诺视为当事人在谈判过程中的具体说明和允诺,这点毋庸置疑,但就合同订立时与合同文书同时存在的允诺或说明是否属于先期允诺范畴,尚存争议。美国《统一商法典》④将同期的口头条款视为先期条款(Prior Terms),而将同期书面条款视为完整合同的一部分。《欧洲合同法原则》⑤则明确将"产生合同义务的陈述"界定为当事人在合同订立前或合同订立时所做的陈述。本书认为,鉴于先期允诺法律约束力认定的目的在于规制未订入合同的口头或书面承诺,因此,当事人在合同订立前或订立同期的磋商过程中形成的最终未订入书面合同中的口头或书面非正式文书,均应属先期允诺规制范畴。

第二,从先期允诺的内容上看,先期允诺的具体内容既包括双方当事人的合意或约定,也包括依据允诺人单方意志产生的单方允诺。虽然合意是大陆

---

① 参见王利明:《关于〈民法典分编(草案)·合同编〉的意见》,http://www.civillaw.com.cn/zt/t/?id=34837,访问日期:2019年6月26日。

② 参见韩世远:《民法典合同编一般规定与合同订立的立法问题》,《法学杂志》2019年第3期,第27页。

③ 参见刘承韪:《民法典合同编的立法建议》,《法学杂志》2019年第3期,第33页。

④ U.C.C. § 2-202(1977):任何先期协议或同期口头协议的证据不得同双方确认同意的备忘录或以书面形式另行约定,作为双方就本协议所含条款达成一致的最终表达相矛盾。

⑤ 《欧洲合同法原则》第6:101(1)一方当事人在合同订立前或合同订立时所做的陈述,如果对方当事人在具体情况下将其合理理解为合同内容时,应视为产生合同义务……

法系合同成立的基础契约范式,合同签订前双方当事人就具体事项达成的合意或做出的特殊约定是先期允诺的主要构成。但在诸多领域,特别是消费合同领域中,尚存在作为先期允诺的单方允诺形态,例如,商家作出的"假一赔十""缺一罚十"等典型承诺,已得到司法的认可。[①]《消费者权益保护法》第44条关于"网络交易平台提供者做出更有利于消费者的承诺的,应当履行承诺"的规定也为此意。就单方允诺的效力体系分配,本书赞同李俊教授的观点,即独立成为债因的单方允诺之债务,应以对不特定人的公众允诺为限,而对特定人所为的单方允诺,原则上应被置于契约规则的框架内。[②] 鉴于《民法典》第118条[③]以法定和意定相结合的形式确定了债务的发生依据,就针对特定人的单方允诺而言,可以借此纳入先期允诺法律约束力范畴予以调整,以调和单方允诺与合同合意的矛盾与冲突。此外,以商业广告和宣传资料为载体的先期允诺同悬赏广告具有相似性,内容具体明确的商业广告和宣传资料以相对人完成买卖合同的行为作为对价和承诺。

第三,从先期允诺的形式上看,一方面,先期允诺不限于书面形式,先期允诺不限于双方交换的文书、信件、聊天记录等书面文书,亦包括双方在交易中做出的口头表示的意向和信息,例如,销售谈话等具有强证明力的口头允诺。另一方面,先期允诺限于明示方式。虽然默示允诺同样具有可归责性,例如,Heyer Products Co. v. United States 案[④]中,法院认为,信赖损害赔偿可以基于默示允诺。但鉴于未经明示的允诺通常不足以引起受诺方的合理预期,因此,本书主要围绕明示的先期允诺予以法律约束力的规范设置。

二、先期允诺的外延廓清

合同正式签署前,双方当事人会达成一系列的非正式文书、意向、说明、介绍和信息,这些文书或信息基于其订立目的及所属谈判阶段的不同,其内容的

---

① 例如,在"刘某某、魏某买卖合同纠纷"案中,对于网购合同中商家打出的"假一赔十""假一罚万"的宣传标语,法院认为系商家自愿向不特定消费者群体所作出的单方承诺。只要该承诺的内容不违反法律和社会公共利益,消费者据此完成特定的交易行为,就应视为合同要约的承诺和条件成就,具有法律拘束力。"刘某某、魏某买卖合同纠纷",福建省福州市中级人民法院(2017)闽 01 民终 2535 号民事判决书。

② 李俊:《论允诺的效力体系》,《法商研究》2017 年第 6 期,第 113 页。

③ 《民法典》第 118 条 民事主体依法享有债权。债权是因合同、侵权行为、无因管理、不当得利以及法律的其他规定,权利人请求特定义务人为或者不为一定行为的权利。

④ 140 F. Supp. 409 (Ct. CL. 1956).

详细程度、表述方式的正式程度亦有所不同,法律对其约束的程度也有差别。在此就同先期允诺具有相似性的其他概念予以廓清,以就受先期允诺约束的先合同文书范畴进行界定。

第一,先期允诺与先合同陈述。从概念构造的法技术角度看,允诺具有特定的法律意义,即允诺人因允诺表示而使其意思受到拘束。① 从形态上看,合同订立前的表述主要有两种分类:一种是对事物状态的陈述,即合同一方在订立合同之前或当时就过去或现有事实向另一方做出的明示或默示说明,英美法称之为陈述(Representation);②另一种则是对将来会发生或不会发生某事或者说保证会做某一特定行为或不做某一特定行为的承诺,亦即承诺(Promise)。两者的主要区别在于,前者针对的主要是过去和现在的事实;而后者则着眼于未来履行的承诺。《欧洲示范民法典草案》第Ⅱ-9:10 条与《欧洲合同法原则》第 6:101 条均采用"先合同陈述"(Pre-contractual Statements)的概念,其实质涵盖了以上两类表述。最高人民法院《关于审理商品房买卖合同纠纷件适用法律若干问题的解释》(法释[2022]17 号)第 3 条关于商品房买卖合同中先期允诺的规定,采用的是"说明和允诺"的表述,也体现出这一细致区分。本书承袭现行立法的理念,对"先期允诺"的界定采纳广义概念,即先期允诺既包括合同订立前的事实陈述,也包括对未来履行的确定承诺。

第二,先期允诺与先合同协议。现代的复杂交易中,合同的缔结是一个漫长的过程,受信息、市场未来变化等诸多因素的制约,在最终协议达成之前,双方往往会通过法律文书的形式固定谈判成果。③ 正式合同订立前谈判期间达成的各类文件即为先合同协议,先合同协议包含各类普通协议以及意向性协议。普通协议即为先期允诺的集合,其法律约束力范畴等同于先期允诺,故此处不再赘述,而仅就意向性协议与先期允诺的范畴界定做出区分。意向性协议,也称初步协议或预备性协议(Preliminary Agreement),主要指谈判期间达成的旨在固定当事人成果与共识的协议。其主要功能在于固定阶段性缔约成

---

① 李俊:《论允诺的效力体系》,《法商研究》2017 年第 6 期,第 107-108 页。

② Marc Primack, *Representations*, *Warranties and Covenants*: *Back to the Basics in Contracts*, The National Law Review, http://www.natlawreview.com/article/representations-warranties-and-covenants-back-to-basics-contracts.访问日期:2020 年 2 月 27 日。

③ 谢鸿飞:《论创设法律关系的意图:法律介入社会生活的限度》,《环球法律评论》2012 年第 3 期,第 14 页。

果,锁住交易机会,交换信息和建立信任,推进合同谈判进程,促进最终交易。① 根据协议是否具有法律约束力,可具体区分为意向书与预约合同。② 就意向书的法律效力而言,主要有三种裁判路径:本约、预约及不具有法律约束力。如果双方约定的意向书内容完整,主要条款和通常条款已完备无缺,不需要再另外订立合同,则该"意向书"在客观上已经成为主合同,具有与正式合同相同的效力,应与正式合同等同对待。③ 同时,根据《民法典》第 495 条④的规定,如果意向书满足两个条件:第一,意向性协议中约定了合同的主要内容;第二,意向性协议中具有未来签订合同的意思表示,即可构成预约合同。除此之外,意向书仅被视为单纯的缔约准备而不具有法律约束力。本书对于先期允诺的范畴界定适用于合同订立前文书和协议中的允诺的法律约束力判定,意向性协议领域的研究重点主要为:未满足本约或预约合同条件下,意向书中内含的具体允诺的法律约束力认定。

第二节　先期允诺法律约束力的立法现状

一、现行立法中的先期允诺法律约束力规则

我国现行法律体系内尚无针对先期允诺法律约束力的系统性规范,关涉先期允诺的规定散见于《民法典》及司法解释之中,主要体现为《民法典》第473 条"要约邀请是希望他人向自己发出要约的表示。拍卖公告、招标公告、招股说明书、债券募集说明书、基金招募说明书、商业广告和宣传、寄送的价目表等为要约邀请。商业广告和宣传的内容符合要约条件的,构成要约";以及最高人民法院公布的《关于审理商品房买卖合同纠纷件适用法律若干问题的解释》(法释〔2022〕17 号)(以下简称《商品房买卖司法解释》)第 3 条"商品房的

---

① 杨彪、叶琪:《意向书的法律拘束力》,《中山大学学报》2016 年第 6 期,第 167 页。

② 英美法上意向书是概括性概念,基本涵盖了所有的前合同协议,大陆法系将预约合同认定为具有法律拘束力的文书,意向书指没有拘束力的文件,本书采纳大陆法系的观点。

③ 参见冉克平:《论私法上的合意及其判定》,《现代法学》2014 年第 5 期,第 58 页;刘承题:《预约合同层次论》,《法学论坛》2013 年第 6 期,第 35 页。

④ 《民法典》第 495 条:当事人约定在将来一定期限内订立合同的认购书、订购书、预订书等,构成预约合同。当事人一方不履行预约合同约定的订立合同义务的,对方可以请求其承担预约合同的违约责任。

销售广告和宣传资料为要约邀请,但是出卖人就商品房开发规划范围内的房屋及相关设施所作的说明和允诺具体确定,并对商品房买卖合同的订立以及房屋价格的确定有重大影响的,应当视为要约。该说明和允诺即使未载入商品房买卖合同,亦应当视为合同内容,当事人违反的,应当承担违约责任"。两者都着眼于以商业广告为载体的先期允诺。

《民法典》第 473 条在要约邀请的构成要件的基本认定中,列举了要约邀请以要约身份进入合同的特殊容纳规则,但仅局限于商业广告的单一形式。事实上,商业广告中的部分允诺,之所以能够被承认并纳入合同之中,是为商业广告特殊要约邀请属性,打破了要约邀请与要约之间关于表意人具有受拘束意思的根本界限。部分商业广告以公开的广告或价目表或以商品展示的方式做出,且内容具体确定,其目的并非是唤起相对人的要约,而是体现出以特定价格出售某种特定商品或提供某种特定服务的意思表示,具备了要约所要求的实质和形式约束要件。①《欧洲合同法原则》第 Ⅱ-4:201 条(3)规定:"一项由经营者在公开的广告或商品目录或者商品展示中做出的特定价格供应库存商品或服务的建议,除非有特殊情况,否则应被视为以该价格提供商品或服务的要约,有效期直至库存商品售罄或者供应人提供此服务的能力告尽位置。"②此外,如若商业广告中包含了货物的特定价值,则也可能被认为是要约。③

最高人民法院公布的《商品房买卖司法解释》第 3 条,立足于实践中严格规范商品房虚假广告的迫切需要,对商品房销售广告视为要约的具体条件及民事责任做出了明确界定,旨在要求商品房出卖人对其宣传广告和宣传资料中明确具体的允诺承担相应的法律后果。《商品房买卖司法解释》第 3 条部分承袭了《合同法》第 15 条关于要约邀请明确、具体的要求,并做扩张解释,将"对商品房买卖合同的订立以及房屋价格的确定有重大影响"视为要约邀请具有约束力的条件之一。有关于商品房买卖中部分销售广告和宣传资料缘何能构成要约,司法解释并未给予明确说明,只强调"商品房买卖中的广告承诺不

---

① 参见中国民法典草案建议稿:《中国民法典草案建议稿附理由:合同编(上)》,法律出版社 2013 年版,第 34 页。

② 参见[德]冯·巴尔:《欧洲私法的原则、定义与示范规则:欧洲示范民法典草案》第 1 卷、第 2 卷、第 3 卷,高圣平等译,法律出版社 2014 年版,第 271 页。

③ 参见[德]冯·巴尔:《欧洲私法的原则、定义与示范规则:欧洲示范民法典草案》第 1 卷、第 2 卷、第 3 卷,高圣平等译,法律出版社 2014 年版,第 275 页。

同于一般的要约邀请,而是提供了明确的要约条件,基于购买人往往会受到该条件的引诱,只要购买人与出卖人签订了购房合同,出卖人就应受其广告承诺的约束。"①该解释为要约邀请构成要约提供了另一解释,即提出交易条件或交易条件保障的要约邀请具有拘束力。② 换言之,要约邀请中涵盖的交易条件,如果被要约人接受,则自动转化为要约内容,构成合同条款的组成部分。③

二、先期允诺法律约束力规则的立法变化

《民法典》草案制定过程中,先期谈判中的允诺能否视为合同条款问题是学界争论的焦点。《合同编(室内稿)》第 10 条首次规定了可以构成合同条款的允诺的概念和规则,规定:"当事人一方在订立合同前向对方所做的允诺,对方由合理理由相信其为合同内容的,该允诺视为合同条款,但当事人另有约定的除外。"该条文实质是《商品房买卖司法解释》第 3 条规则在合同法总则中的一般化,允许未载入合同但构成当事人合理信赖的说明和允诺拟制进入合同内容。该条文虽源于《商品房买卖司法解释》第 3 条,但抛弃了司法解释中就先期允诺进入合同所应具备的限制性要件,即该说明和允诺应当"具体确定"并"对商品房买卖合同的订立以及房屋价格的确定有重大影响"。由此易引发合同解释范围急剧扩张的后果以及威胁到书面合同严肃性的负面影响,很难依靠"对方有合理理由相信"这一限制性要件的解释论构造来消除。此外,"当事人另有约定除外"的规定赋予当事人借由书面合同条款排除书面合同之外的合同内容以正当性,存在推翻《商品房买卖司法解释》第 3 条的特别规则的可能。④ 因此,《合同编(室内稿)》第 10 条规定未被《合同编(征求意见稿)》所完全采纳,《合同编(征求意见稿)》第 28 条在此基础上进行了完善,删除了"当事人另有约定除外"的规定,同时吸纳了《商品房买卖司法解释》第 3 条关于允诺和说明内容应当"具体确定"的限制性要件,规定:"当事人一方在订立合同前向对方所做的允诺内容具体确定,对方有理由相信其为合同内容的,该允诺视为合同条款。"《合同编(征求意见稿)》的规定并未解决合同解释范围

---

① 参见最高人民法院民事审判第一庭编著:《最高人民法院关于审理商品房买卖合同纠纷件司法解释的理解与适用》,人民法院出版社 2003 年版,第 48-49 页。

② 参见隋彭生:《论要约邀请的效力及容纳规则》,《政法论坛》2004 年第 1 期,第 87 页。

③ 参见张华、沈忱:《要约邀请、要约和承诺的效力认定》,《法律适用》2013 年第 9 期,第 66 页。

④ 参见汤文平:《民法典合同编立法问题刍议》,《法学杂志》2018 年第 4 期,第 10-11 页。

急剧扩张的负面影响,因此,《合同编(一次审议稿)》第 281 条完全采纳了《商品房买卖司法解释》第 3 条关于进入合同的先期允诺和说明的限制性条件要求,规定:"当事人一方在订立合同前向对方所做的允诺内容具体确定,对合同的订立有重大影响,对方有理由相信其为合同内容的,该允诺视为合同条款。"如表 1-1 所示。但该条款在《合同编(二次审议稿)》中被删除了。

表 1-1　民法典制定过程中先期允诺规则的立法嬗变

民法典草案		具体条文
《合同编(室内稿)》	第 10 条	当事人一方在订立合同前向对方所做的允诺,对方有合理理由相信其为合同内容的,该允诺视为合同条款,但当事人另有约定的除外
《合同编(征求意见稿)》	第 28 条	当事人一方在订立合同前向对方所做的允诺内容具体确定,对方有理由相信其为合同内容的,该允诺视为合同条款
《合同编(一次审议稿)》	第 281 条	当事人一方在订立合同前向对方所做的允诺内容具体确定,对合同的订立有重大影响,对方有理由相信其为合同内容的,该允诺视为合同条款
《合同编(二次审议稿)》		删除

针对合同订立前的先期允诺能否突破确定性的文本获得效力支持,亦即《合同编(一次审议稿)》第 281 条能否作为合同编规定的一般规则予以保留,存在三种观点。

1. 建议删除"一次审议稿"第 281 条的规定

该观点的理由是:第一,合同订立中,当事人在协商谈判过程中可能形成各种允诺,但最终仍然要以确定性的合同文本为准,此为保护合同的稳定性和可预期性的需要。书面合同的订立视为当事人以替代合同的方式解除并撤销先订立的所有合同和允诺。第二,本条来自《商品房买卖司法解释》第 3 条,具有特定的适用范围——商品房买卖合同领域,对其过度扩大会严重损害正式合同的效力,影响合同的严肃性,并且可能会刺激、诱发大规模的群体诉讼。第三,书面证据具有优先性,是基于维护合同严肃性考虑所确立的证据效力规则,此为普通法上著名的口头证据规则(Parole Evidence Rule)之法理,即契约的内容应通过书面契约来确定,除此之外的证据(如口头约定等)应被排除;禁止当事人对书面合同提交其他外在的证据,尤其是口头证据,来质疑书面合同的效力或者含义。因此,应当由当事人决定最后以书面合同来缔结其意志,针对现行的先期允诺效力问题,可以适用欺诈制度予以解决。①

2. 建议保留"一次审议稿"第281条的规定

在对《民法典》合同编草案二审稿进行审议时,多位全国人大常委会委员对"一次审议稿"第281条的规定给予了认可,建议在完善的基础上恢复该规则。该观点的理由是:第一,该条文是对中华民族一诺千金的优良传统的法律确认,更是社会主义核心价值观中"诚信"的法律表达。确立合同订立前允诺的法律效力的普遍性规则,对于营造信守允诺的社会氛围,促进商业信用水平的提升和诚信社会的构建,具有重要的文化意义。第二,该条文是合同编中保护消费者的重要体现,立足于约束实践中商家夸大允诺最后又不兑现的行为,避免开发商、旅游公司、不良经营者夸大宣传、蒙蔽消费者、欺骗消费者,具有重要的现实意义。第三,普遍性的确认合同订立前允诺的法律效力并不会损害合同正式文本的严肃性或影响合同的可预期性,因为当合同订立前的允诺与合同正式文本出现不一致的情况时,根据合同法理论,合同正式文本的效力肯定是优先的,以此为由将该条规定限缩在涉及消费者的合同领域难以成立。②

3. 建议限缩"一次审议稿"第281条的适用范围

《民法典》的编纂凝结着人们在新时代对于美好生活需求的法治期待,合同订立前做出允诺,事后发生争议的问题常见于司法审判之中,特别是经营者在销售过程中向不特定公众做出的允诺,客观上确实会影响消费者的判断,事实上也确实构成了合同成立的基础,应当考虑其进入合同的正当性。有鉴于此,"一次审议稿"第281条应当予以保留,但将其提升到合同法总则,对所有合同普遍适用的做法不免跨度过大,可能会产生不良后果。因此,有学者建议将该规则降级,放在合同分则买卖合同一章,限定在关于商品品质或特性所作

---

① 参见王利明:《关于〈民法典分编(草案)·合同编〉的意见》,http://www.civillaw.com.cn/zt/t/? id=34837,访问日期:2019年6月26日;梁慧星:《关于民法典分则草案的若干问题》,《法治研究》2019年第4期,第6页。

② 《签订合同前说好的事情、许下的诺言,到底能不能信? 算不算数》,法制日报,https://new.qq.com/omn/ 20190106/20190106A0XDBH.html,访问日期:2019年8月25日。

的说明。如果《民法典》草案在买卖一章能采纳进一步区分商事买卖（B2B）与消费者买卖（B2C）而异其规则的建议，甚至可以考虑将该规则限定在消费者买卖场合。① 规定为向消费者做出公开说明或者允诺，且内容具体确定的，构成合同的内容。如果担心还不够，可以再进一步进行适用范围的限缩。比如，将该条限缩为仅仅适用于涉及消费者的合同领域，把该项规定作为消费者权益保护的一个特例。②

第三节 司法实践中的先期允诺纠纷概况

虽然先期允诺规则在民法典制定过程中几经更迭，最终在《民法典》中未予体现，但司法实践对于先期允诺规则的强烈需要显示出该制度应当被正视的强大需求。

一、先期允诺纠纷的普遍化

(一) 商品房买卖合同中的先期允诺

作为先期允诺法律约束力纠纷典型领域的商品房销售市场，开发商夸大允诺而不履行的行为屡见不鲜，并随着期房占据市场比例的不断攀升而呈现纠纷上涨的态势。《商品房买卖司法解释》第 3 条规定了构成合同内容的商业广告和宣传资料的适用范畴为针对商品房开发规划范围内的关于房屋和相关设施的说明和允诺，就涉及景观配套、教育配套、商业配套是否涵盖尚存争议，对于实践中出现的新型客体亦不具有全面涵盖性。

第一，尚存争议的允诺范围。（1）景观配套设施。主要争议为公园作为市政公共设施，是否处于开发商开发规划范围内。在"姚某等与绿地集团蚌埠金源置业有限公司商品房预售合同纠纷"③中，法院认为，相关设施，包括商品房的基础设施、相关配套设施，而基础设施又包括供暖、供电、供水、小区景观、小区内道路、停车场等，被告在其宣传广告中做出的"八百万方水景公园"的宣传

---

① 参见韩世远：《民法典合同编一般规定与合同订立的立法问题》，《法学杂志》2019 年第 3 期，第 27 页。
② 《合同订立前的允诺应否值千金》，载《法制日报》2019 年 1 月 8 日，第 005 版，第 2 页。
③ "姚某等与绿地集团蚌埠金源置业有限公司商品房预售合同纠纷"，[安徽省蚌埠市中级人民法院（2016）皖 03 民终 910 号]。

承诺明确、具体,足以让原告产生信赖而与之签订商品房买卖合同,该说明和允诺并对房屋价格的确定亦有重大影响,且降低了原告对居住环境的合理预期,应视为要约;而在"郑某某、张某某商品房预售合同纠纷"[①]中,法院认为,承诺的公园属于开发商开发规划范围外的允诺,不符合《商品房买卖司法解释》第3条的适用范围。(2)教育配套设施。主要体现为开发商做出的有关"学区房"的允诺是否属于开发规划范围。有法院已于事实上默认了有关"学区房"的承诺应属开发规划范围,例如,"葛某某与青岛蓝海新港城置业有限公司房屋买卖合同纠纷"[②],法院以商品房销售广告和宣传资料中说明和允诺包括对商品房环境性质量的陈述为由肯定了被告关于配建青岛市实验小学金茂湾校区陈述的要约性质。但亦有法院认为,学区房是由政府在每学年根据片区入学生源情况而划分出来的,不属于商品房开发规划范围,房屋销售过程中涉及"学区"的销售广告并不具有要约性质,对双方不具有约束力[③]。(3)商业配套设施。商品房根据用途可区分为住宅和商铺,在实践中,开发商为扩大招商往往会在前期宣传中对商铺的商圈业态、商业价值、招商情况等以渲染式语言做出允诺。其一,知名商家或品牌的入驻意向。商场的经营状况对商铺的商业价值、收益具有较大影响,知名商家或品牌的入驻会带动周边商业圈的经济发展,因此,房地产开发企业为推销商铺,往往会以某些知名品牌已经入驻或即将入驻为卖点,大肆进行广告宣传。在实践中,就开发商做出的关于"商家入驻意向"的承诺是否属于涉及房屋及相关设施的说明和允诺,存在争议。"何某某、深圳市瑞丰恒业企业管理有限公司与黄某某房屋买卖合同纠纷"中[④],被告瑞丰恒业公司曾对涉案商铺所在的"中港金岸商业城"楼盘进行广告宣传,宣传内容为:迪士尼、Hello Kitty、加菲猫、播、S+、女子会舍、小熊维尼

---

① "郑某某、张某某商品房预售合同纠纷",[浙江省宁波市中级人民法院(2017)浙02民终926号]。

② "葛某某与青岛蓝海新港城置业有限公司房屋买卖合同纠纷",[青岛市市南区(2017)鲁0202民初441号]。

③ "韩某某、徐某某房屋买卖合同纠纷",[云南省昆明市中级人民法院(2018)云01民终1888号];类似案件还有"徐某某与南通盛华置业有限公司商品房预售合同纠纷",[江苏省南通市中级人民法院(2018)苏06民终4786号];"洪某、杜某某、浙江衢州弈谷文化实业有限公司房屋买卖合同纠纷",[浙江省衢州市柯城区人民法院(2017)浙0802民初3410号]。

④ "何某某、深圳市瑞丰恒业企业管理有限公司与黄某甘房屋买卖合同纠纷",[广东省深圳市中级人民法院(2017)粤03民终17276号];类似判决还有"黄某某与苏州市万隆地产有限公司商品房销售合同纠纷",[江苏省苏州市中级人民法院(2017)苏05民终5860号]。

等国内外品牌进驻或者达成进驻意向,英国寰亚、BANDAI、迪士尼国际产业巨头强势护航等内容,后来该广告宣传行为所承诺的经营状态并未实现,法院认为,鉴于商场经营状况对于商品房地产的价值、收益具有巨大影响,以上宣传属于合同范畴。但在"遂宁泰盛房地产开发有限公司与唐某某、冉某某商品房预售合同纠纷"①中,法院则认为开发商对其商家签约情况的宣传,并不涉及对商品房的房室及相关设施所做的说明和允诺,不应视为合同内容。其二,售后包租、返租的承诺。"售后包租""售后返租""售后无条件回购"等售后承诺成了商铺促销的主流手段,商铺和产权式酒店已经逐渐演变为投资者购买的标准化理财产品。就以上宣传和承诺能否构成合同内容,实践中存在争议:"高某与河南广鸿实业有限公司合同纠纷"②中,就开发商通过销售广告和宣传资料等做出的"售后返租10年"的承诺,法院认为,该宣传资料属于开发范围内的房屋及相关设施做出的具体说明和允诺,应当视为要约,作为商品房买卖合同内容的一部分;而"陈某、时某某与无锡东方国际轻纺城集团市场经营管理有限公司、无锡皮革城有限公司等房屋租赁合同纠纷"③中,针对开发商做出的"售后返租5年"的承诺,法院则认为,因广告内容并非对商品房开发规划范围内的房屋及相关设施所做的说明和允诺,该宣传广告不属于要约,故宣传广告的内容不构成房屋买卖合同的内容。

第二,尚未涵盖的允诺范围。(1)轨道交通站点设置。就开发商做出的涉及轻轨、地铁等轨道交通站点设置的允诺,法院通常以轨道交通作为小区周边配套公共基础设施,属市政设施设备,非受房地产开发商所控制,非为房产所在商品房开发规划范围内的房屋及相关设施为由,认为该允诺仅能作为要约

---

① "遂宁泰盛房地产开发有限公司与唐某某、冉某某商品房预售合同纠纷",[四川省遂宁市船山区人民法院(2016)川0903民初3327号];类似判决还有"郭某、魏某某与徐州世茂置业有限公司商品房销售合同纠纷",[江苏省徐州市中级人民法院(2017)苏03民终3588号]。

② "高某与河南广鸿实业有限公司合同纠纷",[河南省郑州市金水区人民法院(2018)豫0105民初914号]。

③ "陈某、时某某与无锡东方国际轻纺城集团市场经营管理有限公司、无锡皮革城有限公司等房屋租赁合同纠纷",[无锡市锡山区人民法院〔2017〕苏0205民初1868号];类似案件还有"王某某、浏阳市鑫远房地产开发有限公司合同纠纷",[湖南省长沙市中级人民法院(2018)湘01民终1148号]。

邀请,而非合同内容。① (2)周边的服务配套。开发商在前期宣传期间,通常会做出涉及周边服务配套的允诺,诸如周边配备某大型医院、大型商场、综合性超市。对于该类允诺,法院通常认为,医院、商场与房屋及相关设施本身无关,不属开发规划范围,该类宣传为要约邀请。② (3)房屋对面建筑。"温某某、张某某商品房预售合同纠纷"③中,涉案房屋1期开盘时,开发商宣称将在1期对面的4期建设超甲级5A智能化顶级写字楼——中山赣商大厦,后擅自改建为越秀星汇品峰天寰公寓。买受人以"阳台对面如果是高档写字楼,不会产生不利影响,但改建为公寓后阳台外部环境明显变差,租用公寓的流动人员增多且复杂,严重影响涉案小区的高档、安全、舒适性及视野"为由起诉开发商违约。法院认为,拟兴建中山赣商大厦土地与涉案商品房1期项目所在土地系两个独立的地块,原告主张被告宣传用于兴建中山赣商大厦的土地并不在涉案商品房小区项目开发规划红线范围内,将其视为要约及作为合同组成部分,缺乏事实和法律依据。(4)待拆楼房。"谌某某诉一航万科商品房买卖纠纷"④,双方当事人签订合同时,售楼部立有确认书公示牌一块,其中载明:本公司承诺在本楼栋房屋集中交付最后期限前完成本楼栋东北方向待拆迁楼房的拆迁工作。后并未履行承诺。法院认为,被告在售楼部所立公示牌确认书中承诺待拆迁楼房拆除时间因待拆迁楼房不在商品房开发规划范围内而不能转化为要约。(5)"高收益率"的承诺。针对开发商做出的"宣传该房产项目8%固定年收益率"的广告资料能否视为合同条款的主张,法院认为,《商品房买卖司法解释》第3条针对"开发规划范围内的房屋及相关设施所做的说明和允诺",旨在保护买房人对所购商品房的基础设施和相关配套设施等居住环境质

---

① "刘某某、贵州黔贵房地产开发有限公司商品房预售合同纠纷",[贵州省贵阳市中级人民法院(2018)黔01民终724号];"秦某某、侯某某与上海新明环球置业有限公司商品房预售合同纠纷",[上海市嘉定区人民法院(2018)沪0114民初2640号];"李某与句容碧桂园房地产开发有限公司商品房销售合同纠纷",[江苏省镇江市中级人民法院(2018)苏11民申205号]。

② "郑某、刘某某等与衢州新湖房地产开发有限公司商品房销售合同纠纷",[浙江省衢州市柯城区人民法院(2018)浙0802民初736号];"任某、新疆博瑞盛达房地产开发有限公司商品房预售合同纠纷",[新疆维吾尔自治区乌鲁木齐市中级人民法院(2018)新01民终2377号];"刘某某与武穴嘉和置业有限公司房屋买卖合同纠纷",[湖北省武穴市人民法院(2018)鄂1182民初470号]。

③ "温某某、张某某商品房预售合同纠纷",[广东省中山市中级人民法院(2018)粤20民终5766号]。

④ "谌某某诉一航万科商品房买卖纠纷",[成都市武侯区人民法院(2016)川0107民初9152号]。

量的期待,本案中对于商铺收益的广告内容显然不在此列,不应作扩大解释。①

(二) 其他合同类型中的先期允诺

1. 租赁合同

商场在就商铺进行招租的过程中,往往会发布有关招商优惠政策②;高招商率、开业率、入租率、回报率③;物流班线、客运站、影城、超市、银行等配套设施④;情景式商业步行街⑤;入驻品牌商家⑥等宣传内容,引诱客户租赁其产品资源。

2. 买卖合同

汽车销售宣传中注明的车辆配置信息⑦、车牌归属地承诺⑧;产品推销宣

---

① "茅某某与无锡五洲商业管理有限公司委托合同纠纷",[无锡市惠山区人民法院(2017)苏 0206 民初 4775 号];"曹某某诉莱州金运房地产开发有限公司等房屋买卖合同纠纷",[山东省莱州市人民法院(2017)鲁 0683 民初 4594 号]。

② "浙江某爱家居有限公司与孔代波房屋租赁合同纠纷",[浙江省岱山县人民法院(2016)浙 0921 民初 1430 号]。

③ "李某某与三亚大朝商业管理有限公司租赁合同纠纷",[海南省三亚市城郊人民法院(2016)琼 0271 民初 4487 号];"李某与嘉凯城集团名镇天下商业资产管理有限公司苏州分公司、嘉凯城集团商业资产管理有限公司房屋租赁合同纠纷",[江苏省苏州市中级人民法院(2017)苏 05 民终 5929 号];"叶某与乳山蓝色半岛义乌小商品城管理有限公司、威海蓝色半岛置业顾问有限公司房屋租赁合同纠纷",[山东省乳山市人民法院(2017)鲁 1083 民初 3766 号]。

④ "刘某某与郴州市笑傲商业有限责任公司租赁合同纠纷",[湖南省永兴县人民法院(2016)湘 1023 民初 2712 号];"陈某某与广西万润东风投资管理有限公司租赁合同纠纷",[广西壮族自治区钦州市钦南区人民法院(2017)桂 0702 民初 2340 号];"北京牛栏山房地产开发有限责任公司与于某某房屋租赁合同纠纷",[北京市顺义区人民法院(2017)京 0113 民初 3983 号];"陈某某与安徽瑞丰商品交易博览城投资开发有限公司房屋租赁合同纠纷",[安徽省芜湖市弋江区人民法院(2017)皖 0203 民初 2542 号]。

⑤ "余某某、江西缤纷商业运营管理有限公司房屋租赁合同纠纷",[江西省九江市中级人民法院(2019)赣 04 民终 426 号]。

⑥ "福建万策商业运营管理有限公司与苏某某租赁合同纠纷",[福建省泉州市鲤城区人民法院(2017)闽 0502 民初 427 号];"四川广莱商业管理有限公司与曾某房屋租赁合同纠纷",[四川省宜宾市南溪区人民法院(2017)川 1503 民初 1544 号];"河南华仪置业发展有限公司与霍某某房屋租赁合同纠纷",[河南省信阳市浉河区人民法院(2017)豫 1502 民初字第 3134 号]。

⑦ "韩某和沈阳富路捷汽车贸易有限公司、捷豹路虎(中国)投资有限公司买卖合同纠纷",[辽宁省沈阳市中级人民法院(2017)辽 01 民终 345 号];"吴某某与辽宁尊荣亿方汽车销售服务有限公司、捷豹路虎汽车贸易(上海)有限公司买卖合同纠纷",[辽宁省沈阳市中级人民法院(2016)辽 01 民终 12018 号]。

⑧ "张某某、广东广物羊城汽车销售有限公司买卖合同纠纷",[广东省广州市中级人民法院(2017)粤 01 民终 21499 号]。

传中卖方做出的产品赠送①、产品效果②允诺。

3.特许经营合同

先期夸大公司实力和项目前景的宣传,例如,物流企业做出的"物流专线100%辐射全国省会城市""送递网络100%覆盖全国各地县市"的承诺③,以及售后保障承诺;服装企业做出的"合作店100%零库存,不适销过季服装全部包退"的承诺④;贸易公司做出的"开业保80万元销量""5万元创业补助金"的承诺⑤;给予经营者项目支持和返点承诺⑥。

4.服务合同

健身俱乐部在合同签订前向客户做出的"增建场馆、换新器械"等场馆经营的承诺⑦;高尔夫俱乐部在宣传广告中刊载有游泳馆、游艇和帆船垂钓等配套设施和服务的承诺⑧;视力提升中心在宣传单中做出的"承诺3个月治好近视,单眼裸视达到1.0以上,否则全额退款"的承诺⑨。

5.装修装饰合同

装修公司做出的"全部采用绿色环保材料,仓储式供货,假一罚十,验收合格后施工""按合同规定时间保质保量完工,因公司原因每超过一天赔偿

---

① "李某某与可可家里(北京)信息技术有限公司买卖合同纠纷",[北京市石景山区人民法院(2017)京0107民初19633号]。

② "王某某与被告南京松德生物科技有限公司买卖合同纠纷",[江苏省南京市鼓楼区人民法院(2018)苏0106民初9948号]。

③ "广东好又快物流有限公司与李某合同纠纷",[广东省广州市从化区人民法院(2016)粤0184民初3954号]。

④ "浔阳区内美服饰店与香港挑衣乐服饰有限公司合同纠纷",[江西省九江市中级人民法院(2016)赣04民初113号]。

⑤ "王某某、深圳市远远超贸易有限公司特许经营合同纠纷",[广东省深圳市中级人民法院(2018)粤03民终3390号]。

⑥ "张某某与上海忆犹新环保科技有限公司买卖合同纠纷",[上海市闵行区人民法院(2017)沪0112民初18828号]。

⑦ "赵某某与上海星之健身俱乐部有限公司服务合同纠纷",[上海市浦东新区人民法院(2016)沪0115民初81042号]。

⑧ "周某某与上海西上海高尔夫乡村俱乐部服务合同纠纷",[上海市松江区人民法院(2016)沪0117民初18317号]。

⑨ "马某某与张某某医疗服务合同纠纷",[河北省遵化市人民法院(2017)冀0281民初3769号]。

500 元"的承诺①;以及赠送家电的承诺②。

6. 教育培训合同

教育培训机构做出的"通过其培训,学生可参加某知名中学共同举办的考试,并经公司推优,学生能够被某知名优秀中学面试录取"的承诺③;以及"不过退费"的承诺④。

7. 技术合同

宣传彩页中就产品价格的承诺⑤。

8. 旅游合同

旅游产品宣传页上做出的"旅游用车空车率 15% 的标准及品冠独家"的承诺⑥;"保证入住 1 晚露天温泉酒店,穿日式和服泡露天温泉"⑦的承诺。

9. 代理合同:"保证投资无忧"⑧的承诺。

此外,还包括承揽合同中车辆保险的定损清单⑨、合同订立前的会议纪要⑩;储蓄存款合同签订前银行宣传业务的宣传提纲⑪;定做合同中的技术说

---

① "陈某某与上海皇旺建筑装饰工程有限公司装饰装修合同纠纷",[上海市长宁区人民法院(2017)沪 0105 民初 3803 号]。

② "王某某与贵阳迪沐装饰有限公司装饰装修合同纠纷",[贵州省贵阳市南明区人民法院(2016)黔 0102 民初 7702 号]。

③ "洪某与彭某某、张某某教育培训合同纠纷",[上海市浦东新区人民法院(2016)沪 0115 民初 73391 号]。

④ "齐某某与北京五洲理想教育科技有限公司教育培训合同纠纷",[北京市西城区人民法院(2018)京 0102 民初 9935 号]。

⑤ "吴某某等与成都川能新能源有限公司技术合同纠纷",[云南省昆明市中级人民法院(2017)云 01 民初 2032 号]。

⑥ "黄某诉上海携程国际旅行社有限公司旅游合同纠纷",[上海市第一中级人民法院(2017)沪 01 民终 14035 号]。

⑦ "桂林中国国际旅行社有限责任公司、桂林中国国际旅行社有限责任公司柳州分社旅游合同纠纷",[广西壮族自治区柳州市中级人民法院(2018)桂 02 民终 2433 号]。

⑧ "叶某某与四川浩川雅饰装饰材料有限公司合同纠纷",[四川省广汉市人民法院(2019)川 0681 民初 180 号]。

⑨ "从化市人民法院(2016)粤 0184 民初 3954 号",[江苏省南京市中级人民法院(2016)苏 01 民终 10707 号]。

⑩ "盈江县湘菊矿业有限责任公司与山东省鲁岳资源勘查开发有限公司、中国冶金地质总局昆明地质勘查院承揽合同纠纷",[云南省盈江县人民法院(2016)云 3123 民初 304 号]。

⑪ "谷某及中国建设银行股份有限公司鸡西分行储蓄存款合同纠纷",[黑龙江省鸡西市中级人民法院(2017)黑 03 民终 358 号]。

明和图纸①;《客运经营合同》中的谈话记录②;《租赁合同》签订前的谅解备忘录③等非正式文件法律效力纠纷。

　　整体而言,法院在审理案件时对先期允诺的效力认定存在严重的同案不同判情况,主要存在以下几种认定标准:

　　第一,扩张适用《商品房买卖司法解释》第3条。适用《商品房买卖司法解释》第3条规定肯定先期允诺法律约束力的案件存在三种形态:(1)直接援引《商品房买卖司法解释》第3条。例如,在"柳某某与被告常德宣达置业有限公司房屋租赁合同纠纷"④中,就被告在招租时所做的"地面人行通道实行全封闭隔离,以提高地下商业街人流量"的承诺,法院直接援引了《商品房买卖司法解释》第3条,并强调,从司法解释的精神可以看出,如果开发商的宣传资料和允诺具体明确,该说明和允诺应当视为要约,本案虽不是商品房买卖,但亦属于商业街的租赁,开发商对商铺租赁进行宣传发放广告,宣传内容明确具体,虽然签订合同时并未将宣传内容载入合同,但原告租赁被告商铺的依据、信息等都直接来源于被告所做的广告和宣传资料,宣传资料对最终决定签订合同起到重要作用,被告对商铺所做的广告宣传及允诺应视为合同内容。(2)采用《商品房买卖司法解释》第3条的认定标准,即允诺明确具体且对合同订立有重大影响。例如,在"陈某某与上海皇旺建筑装饰工程有限公司装饰装修合同纠纷"中,法院认为,虽然宣传单不是合同的内容,但是宣传单的内容具体明确,对于原告选择被告进行装修有重要影响,因此本院认为尽管合同未将宣传单部分内容写入合同,但仍应当视为合同的一部分。⑤ (3)对原告主张适用《商品房买卖司法解释》第3条肯定先期允诺效力的案件持否定态度。认为《商品房买卖司法解释》第3条是体现对于我国商品房买受人的特别保护,具有明确的适用对象——商品房买卖合同,是指房地产开发企业将尚未建成或

------

　　① "镇江三维输送装备股份有限公司与昆山凯意纺织机械有限公司定做合同纠纷",[江苏省苏州市中级人民法院(2017)苏05民终4782号]。

　　② "高某某与宁夏天豹汽车运输有限责任公司、宁夏天豹汽车运输有限责任公司客运五分公司合同纠纷",[宁夏回族自治区银川市兴庆区人民法院(2018)宁0104民初739号]。

　　③ "成都致方置业有限公司、于某某房屋租赁合同纠纷",[四川省成都市中级人民法院(2018)川01民终9838号]。

　　④ "柳某某与被告常德宣达置业有限公司房屋租赁合同纠纷",[湖南省常德市鼎城区人民法院(2017)湘0703民初1131号]。

　　⑤ "陈某某与上海皇旺建筑装饰工程有限公司装饰装修合同纠纷",[上海市长宁区人民法院(2017)沪0105民初3803号]。

已竣工的房室向社会销售并转移房屋所有权于买受人,买受人支付价款的合同,本案主要合同并非商品房买卖合同,因此对于原告的主张不予采信。①

第二,要约判定标准。(1)说明和允诺是否构成合同的主要内容。例如,"马某某与张某某医疗服务合同纠纷"②,针对视力提升中心在宣传单中做出的"承诺 3 个月治好近视,单眼裸视达到 1.0 以上,否则全额退款"的承诺,法院认为,要约的内容须包括合同的主要内容,即应包括合同的标的、数量、质量、价款或报酬、履行期限、地点和方式、违约责任和解决争议方法等,而原告提交的宣传单上的内容未写明上述合同成立需要的主要条款,该宣传单不是要约,亦不能构成合同。此外,"福建万策商业运营管理有限公司与苏某某租赁合同纠纷"③中,针对出租方对商铺做出的知名商家进驻、商家优惠政策等事项,法院认为,这些内容都不应视为租赁合同当事人的权利义务,不具备合同的基本内容,故对于原告就说明允诺应作为涉诉合同内容的主张,不予支持。(2)说明和允诺是否符合要约的实质性要件,即内容具体且允诺人自愿受该允诺约束。"桂林中国国际旅行社有限责任公司、桂林中国国际旅行社有限责任公司柳州分社旅游合同纠纷"④中,针对旅行社做出的"保证入住 1 晚露天温泉酒店,穿日式和服泡露天温泉"的承诺,法院根据原《合同法》第十五条第二款的关于"商业广告的内容符合要约规定的,视为要约"的规定,认为桂林国旅公司在宣传单中明确具体的宣称内容应为要约,是旅游合同的一部分。

第三,信赖利益标准。信赖利益标准也是法院使用以说明和允诺是否具有法律约束力的重要方式。"谷某及中国建设银行股份有限公司鸡西分行储蓄存款合同纠纷"⑤,针对储蓄存款合同签订前银行在业务宣传提纲上确定的有关存款期限、转存方式、计息方式以及利率规则,法院认为,任何一个普通存

---

① "叶某与乳山蓝色半岛义乌小商品城管理有限公司、威海蓝色半岛置业顾问有限公司房屋租赁合同纠纷",[山东省乳山市人民法院(2017)鲁 1083 民初 3766 号];"陈某某与安徽瑞丰商品交易博览城投资开发有限公司房屋租赁合同纠纷",[安徽省芜湖市弋江区人民法院(2017)皖 0203 民初 2542 号]。

② "马某某与张某某医疗服务合同纠纷",[河北省遵化市人民法院(2017)冀 0281 民初 3769 号]。

③ "福建万策商业运营管理有限公司与苏某某租赁合同纠纷",[福建省泉州市鲤城区人民法院(2017)闽 0502 民初 427 号]。

④ "桂林中国国际旅行社有限责任公司、桂林中国国际旅行社有限责任公司柳州分社旅游合同纠纷",[广西壮族自治区柳州市中级人民法院(2018)桂 02 民终 2433 号]。

⑤ "谷某及中国建设银行股份有限公司鸡西分行储蓄存款合同纠纷",[黑龙江省鸡西市中级人民法院(2017)黑 03 民终 358 号]。

款人都会本着对被告宣传内容的信赖来计算最终能够获得的存款本息数额,这是对被告宣传行为的合理信赖,基于对正常的、稳定的交易秩序的维护,法律对于这种合理信赖应予保护。在"刘某某与郴州市笑傲商业有限责任公司租赁合同纠纷"[1]中,针对商业公司在招租宣传资料上做出的优惠招商政策的允诺,法院认为,虽然该优惠招商政策的内容未订入合同,但招商的优惠政策极易让商户产生信赖利益并足以影响商户的缔结意愿,根据诚实信用原则,该招商优惠政策应视为合同的内容。

第四,实质性重大影响标准。典型案件为"陈某某与被告抚松县参海山参特产有限公司、浙江天猫网络有限公司网络购物合同纠纷"[2],被告山参公司在其天猫店铺网页上做出的就涉案产品"生晒野山参、国检""参龄30年""30年野山参"的描述,法院认为,野生山参有别于普通商品,野生山参的生长年限将对消费者的购买决定产生实质性影响,也直接决定了野生山参的价格,因此,该宣传内容应当构成合同组成部分。

此外,实践中还有法院以该说明允诺载有双方当事人的合意,应当以尊重当事人的意思自治为由,肯定先期允诺的法律约束力[3];同时也有法院以该允诺内容未载入合同为由,认为宣传内容未经双方明确为合同义务条款并不构成合同义务,书面合同视为对先期口头或书面约定的变更。因此,将先期的宣传认定为要约邀请,对双方不具有法律约束力[4]。

---

[1]　"刘某某与郴州市笑傲商业有限责任公司租赁合同纠纷",[湖南省永兴县人民法院(2016)湘1023民初2712号]。

[2]　"陈某某与被告抚松县参海山参特产有限公司、浙江天猫网络有限公司网络购物合同纠纷",[广东省深圳市罗湖区人民法院(2016)粤0303民初16191号]。

[3]　"镇江三维输送装备股份有限公司与昆山凯意纺织机械有限公司定作合同",[湖南省永兴县人民法院 (2016)湘1023民初2712号]。

[4]　"洪某与彭某某、张某某教育培训合同纠纷",[上海市浦东新区人民法院(2016)沪0115民初73391号];"李某与嘉凯城集团名镇天下商业资产管理有限公司苏州分公司、嘉凯城集团商业资产管理有限公司房屋租赁合同纠纷",[江苏省苏州市中级人民法院(2017)苏05民终5929号];"周某某与杨某买卖合同纠纷",[重庆市第二中级人民法院(2018)渝02民终1127号];"王某某与贵阳迪沐装饰有限公司装饰装修合同纠纷",[贵州省贵阳市南明区人民法院(2016)黔0102民初7702号]。

二、先期允诺替代性规则的缺失

(一) 欺诈制度

关涉先期允诺法律约束力认定问题,有学者主张可以依据欺诈制度予以解决①。不可否认,欺诈制度在确保允诺人做出负责任的允诺方面发挥了有益的辅助作用,但以其作为先期允诺法律约束力认定规则的基础性模式替代,略显薄弱。

首先,欺诈制度覆盖范围有限。我国现行有关欺诈规则的法律条文主要体现为《民法典》第一百四十八条:一方以欺诈手段,使对方在违背真实意思的情况下实施的民事法律行为,受欺诈方有权请求人民法院或者仲裁机构予以撤销。以及《最高人民法院关于贯彻执行若干意见(试行)》第六十八条:一方当事人故意告知对方虚假情况,或者故意隐瞒真实情况,诱使对方当事人做出错误意思表示的,可以认定为欺诈。据此,欺诈人实施的欺诈行为应当界定为故意告知对方虚假情况与故意隐瞒真实情况。根据上文对于先期允诺法律约束力认定的体系梳理,可以看出,欺诈制度针对先期允诺仅规制一种情形,当事人一方在合同订立前做出虚假允诺,该允诺构成合同内容致使合同成立,此时,受诺方可以允诺方构成欺诈为由申请撤销合同。在此种情况下,欺诈制度仅仅是构成合同的虚假允诺导致合同成立后的救济措施之一,同时,受诺人还可选择维持合同并主张损害赔偿。所以,欺诈制度仅仅是为允诺人以虚假方式做出构成合同内容的承诺提供一种救济方式而已,并不能覆盖整个先期允诺的效力体系。

其次,欺诈认定需以允诺构成合同为前提。民法中的欺诈强调欺诈行为应当同表意人陷入错误并做出意思表示存在因果关系,亦即,欺诈的构成以表意人因受欺诈而做出错误意思表示为必要。② 未构成合同内容的单纯允诺欺诈不能构成合同欺诈。因此,诱使相对人订立合同的虚假宣传或虚假广告并不当然构成欺诈。实践中,在相对人以允诺人未履行先期允诺而主张合同欺诈的案件中,法院往往会以该允诺是否成为双方合同条款的约定内容为界定

① 参见梁慧星:《关于民法典分则草案的若干问题》,《法治研究》2019 年第 4 期,第 6 页。
② 参见肖斌:《〈消费者权益保护法〉中"欺诈行为"的认定》,《河北法学》2015 年第 10 期,第 83 页。

标准。例如,在"沈某与启东通誉置业有限公司商品房预售合同纠纷"①案中,针对开发商做出的"幼儿园、初中、高中构建一站式全五星教育体系"等承诺,法院认为,虽然该宣传广告违反广告法相关规定,但由于该宣传广告不属于合同范围,不足以使得相对人陷入错误认识而做出意思表示,因此不能据此认定构成欺诈。因此,以欺诈制度解决先期允诺问题的适用前提又回到了判定该允诺是否构成合同内容的核心问题之中。

再次,证明先期允诺中存在欺诈较为困难。我国现行关于欺诈规则的法律条文,即《民法典》第一百四十八条、《最高人民法院关于贯彻执行若干意见(试行)》第六十八条中要求认定欺诈的行为要件为故意告知对方虚假情况与故意隐瞒真实情况。换言之,就当事人的先期允诺是否构成欺诈,仅仅证明当事人的允诺并未兑现是远远不够的,尚需证明当事人从未打算履行允诺,或在做出允诺时,并不打算履行。对当事人的主观意图和主观状态的证明难度使得实践中很难真正证明当事人的先期允诺未履行构成欺诈。

最后,欺诈制度救济力度不足。根据《民法典》第一百四十八条的规定,受欺诈方有权主张合同撤销。因此,相对人因欺诈行为而陷入错误并因错误而为意思表示属意思表示不自由,只能主张解除合同和损害赔偿。事实上,针对允诺方做出虚假允诺诱使相对人订立合同的行为,先期允诺中的受诺人可能会主张解除合同,也可以要求合同继续履行而就虚假允诺造成的损失主张赔偿,在此,欺诈制度的救济力度显然不够。纯粹依赖欺诈制度解决先期允诺纠纷可能会大量诱发不当行为或错误。

(二)缔约过失责任

缔约过失责任是我国现行法律领域规制先合同义务、保护当事人缔约权益的主要规制手段。缔约过失责任与先期允诺制度虽同为先合同阶段的责任制度,但其并不能完整覆盖先期允诺法律约束力问题,无法就关涉先期允诺法律约束力的诸多问题做出合理回答。

首先,缔约过失责任主要以合同未有效成立为适用前提。在耶林的理论中,缔约过失责任仅适用于缔约阶段合同不成立的情形,后世学者虽在此基础上对该理论涵盖范畴予以扩张,但我国学术界一般认为,只有在合同尚未成立

---

① "沈某与启东通誉置业有限公司商品房预售合同纠纷",[江苏省启东市人民法院(2017)苏 0681 民初 5136 号];类似案件还有"洪某与彭某某、张某某教育培训合同纠纷",[上海市浦东新区人民法院(2016)沪 0115 民初 73391 号]。

或者虽然成立，但因为不符合法定生效要件而被确认为无效或被撤销时，缔约人才承担缔约责任。① 因此，缔约过失责任适用的前因性条件在于合同未有效成立，包括未成立或虽成立但因不符合法定的生效要件被确认无效或被撤销。② 相比之下，先期允诺的法律约束力问题则严密覆盖了合同生效、合同未成立、无效或被撤销以及合同履行、解释的各个阶段。

其次，缔约过失责任的本质是合同前责任。缔约过失责任的请求权基础来自于先合同义务，而非合同义务，因此其责任的形成节点在合同成立前的磋商阶段，包括合同成立前的要约承诺阶段，或合同虽成立但因不符合法定生效要件而被确认无效或被撤销阶段。相较而言，先期允诺虽发生在合同成立前的磋商阶段，但其请求权基础非为先合同责任，其法律约束力涵盖合同前责任以及合同有效框架下的合同责任，超越了缔约过失责任信赖损害赔偿的责任范围，在先期允诺语境下，受诺人还可就部分允诺主张期待利益损害赔偿。

最后，缔约过失责任以过错为主要归则事由。我国虽在个别场合承认无过错"缔约过失"责任的存在，允许信赖观念对过错原则进行适度修正，但原则上仍要求缔约过失责任以缔约人的过错为成立要件。③ 而纵观先期允诺法律约束力认定的多种形态，允诺人具有过错仅为先期允诺应当具有法律约束力的部分情形。

(三) 预约合同

预约合同是承认先合同文书法律约束力的另一重要方式，意指在当事人履行或交付条件尚未成熟时，固定当事人阶段性合意和未来合同初步安排的法律文书。预约合同的约束力体现为：预约合同中已经确定的条款，无须进行再次磋商也不得随意变更。④ 虽同为先合同文书进入合同的容纳规则，预约合同认定规则不能覆盖先期允诺，因为先期允诺的法律约束力认定规则与预约合同的认定规则存在差别：(1)适用对象不同。预约合同是为固定当事人阶段性合意的法律文书，主要针对已形成文书形式的初步协议⑤的法律约束力规

---

① 王利明：《违约责任论》，中国政法大学出版社 1996 年版，第 598 页。

② 裴明学：《缔约过失责任与允诺禁反言原则比较研究》，《现代法学》2004 年第 2 期，第 110 页。

③ 参见韩世远：《合同法总论》，法律出版社 2011 年版，第 132-133 页。

④ 参见刘承韪：《预约合同层次论》，《法学论坛》2013 年第 6 期，第 34 页。

⑤ 《民法典（三次审议稿）》第四百九十五条主要承认的初步协议包括认购书、订购书、预订书、意向书。

制,其适用对象不包含作为单纯允诺形式的的先期允诺。(2)认定标准不同。司法实践认为,初步协议构成预约合同通常需要满足两个条件:第一,该协议内容完整,对合同的主要内容进行约定;第二,该协议中包含未来签订合同的意思表示。同先期允诺的法律约束力认定规则存在实质性差异。(3)谈判阶段不同。预约合同作为谈判过程中阶段性共识及意见的载体,主要存在于谈判的高级阶段。据此,预约合同虽为先期允诺的集合,但事实上只包含了部分先期允诺范畴,对先期允诺的法律约束力认定不具有全面覆盖性。先期允诺具有法律约束力的前提在于该允诺对合同具有重大影响,同预约合同要求内容包含合同主要条款具有同质性。据此,先期允诺的法律约束力认定规则不仅独立于预约合同规则,还为预约合同的效力承认提供了基础性解释,正是因为作为预约合同组成部分当事人的先合同合意的信赖值得保护,作为整体的预约合同才获得了实质性法律约束力来源。

制定统一的先期允诺法律约束力规则并不一定有损交易的确定性和稳定性。维护交易的确定性和稳定性不等同于对书面文字的关注和对形式主义的信赖。维护书面合同的可执行性以促进交易的确定性和稳定性的观点预设了一个不具有现实性的逻辑前提,即缔约各方以书面形式订立的合同中包含了每一个重要的条款和情形。① 如果先合同谈判的证据能够清楚地洞察有争议条款的意图,承认这一证据并不会增加不确定性,恰恰是排除了这一证据,才使得一方当事人需要为他所知道的非真实意图抗辩,从而产生了不确定性。② 对先期允诺法律约束力及其附带法律后果的明确规定能够增加法律的确定性和可预测性,因为其能够让当事方更确定他们应当在多大程度上信任谈判或缔约伙伴所做出的陈述或允诺。此外,就格式合同而言,应当受到保护的是双方当事人合理期待的确定性,而非作为载体的书面文书本身的确定性。承认格式合同中先期允诺的法律约束力,剥夺的是格式合同起草方借由格式合同加载仅有利于自身交易的权利,而并不妨碍格式合同起草者以诚实、合理的方式定义格式合同法律含义的权利。换言之,应当受到保护的是格式合同双方都充分了解的合理期待的确定性,据此,格式合同起草者可以便于对方理解的方式起草条款,也可以按照对方已经具有的合理期待来起草格式合同。如果

① See Comment, "The Parol Evidence Rule and Third Parties", 41 *Fordham Law Review* (1973) 945: p.948.

② See Donald Nicholls, "My Kingdom for a Horse: The Meaning of Words", 121 *Law Quarterly Review* (2005) 577: p.587.

起草者并未以此起草格式合同,显然存在欺骗和不合理利用消费者之嫌,显然不应得到格式合同应当提供的确定性。① 此外,确定性的理想必须不断地同社会期待的变革相权衡,保护允诺产生的合理期待,这是法律满足社会期待的必然结果。

事实上,口头证据规则本身并不能成为阻却先期允诺法律约束力的理由。美国合同法上的口头证据规则从最初的"四角规则"关于"书面文书应当是双方当事人最终承诺和期望的唯一体现"②到《合同法重述》(第二次)③关于"书面文书不能自证其完整性,应当允许对当事人意图有关的证据进行广泛调查,并以当事人意图为确立书面合同完整性的标准"的理念转变,呈现了从完全排除口头证据到承认口头证据自由化的完整变化,恰恰是先期允诺应当具有正当性的有力依据。同时,现代口头证据规则所衍生出的大量例外规则已经呈现出逐步吞噬制度本体的趋势。此外,口头证据规则的实质是法院控制陪审团的工具,是特定历史背景下特定制度体系的产物。事实上,现在的陪审团制度已经不再符合早期口头证据规则倡导者为他们铸造的模型,陪审团也已经证明他们有能力处理与涉及口头证据规则诉讼同样复杂和技术性的证据,这也可以成为应当废除口头证据规则的核心理由。④ 1976年,英国法律委员会曾主张暂时废除口头证据规则,随后他们在1986年报告中得出结论,由于两个原因,无须采取立法行动。第一,该规则并不排除法院在符合当事方意图的情况下诉诸外部证据的可能性。第二,任何立法修改都可能混淆而不是澄清

---

① See W. David Slawson, "The New Meaning of Contract: The Transformation of Contracts Law by Standard Forms", 46 *University of Pittsburgh Law Review* (1984) 21: p.28.

② See Michael B. Metzger, "The Parol Evidence Rule: Promissory Estoppel's Next Conquest", 36 *Vanderbilt Law Review* (1983) 1383: p.1390.

③ 有关合同完整性的定义由§209规定:如果双方当事人将协议简化为一份书面文书,即鉴于其完整性和特殊性可以合理地认为该书面文书是一份完整的合同,则该书面文书应视为一份完整的合同,除非有其他证据证明该书面文书不构成当事人对合同条款的最终表达。RESTATEMENT (SECOND)OF CONTRACTS § 209 (1981).并通过(3) comment c对完整性做出进一步阐述,即书面文书是否作为完整合同被采纳是一个需要根据所有相关证据予以确定的事实问题。书面文书是否作为完整的合同被采纳,可以通过任何相关证据证明。在没有可靠的相反证据的情况下,以书面合同的形式由双方签字的表面上看来是完整的文件可能对该问题具有决定性。但书面文书本身不能证明自己的完整性,必须允许对当事人意图有关的情况进行广泛的调查。RESTATEMENT (SECOND) OF CONTRACTS § 210 comment b (1981).

④ See Comment, "The Parol Evidence Rule and Third Parties", 41 *Fordham Law Review* (1973) 945: p.950.

法律,因此"规则"仍然存在,但必须记住,它是一个规则,由于例外的范围很广,在实践中不太可能有重大影响。

小　结

合同签订前双方当事人往往会在磋商阶段就很多事项达成合意或做出特殊约定,最终未明确订入最后协议的说明和允诺,即为本书所称"先期允诺"。其内涵包括未订入书面合同的合意以及作为债的发生原因之一的单方允诺;其外延则囊括了合同订立前的事实陈述与对未来履行的确定承诺。我国现行法律体系内尚无针对先期允诺法律约束力的系统性规范,关涉先期允诺的规定散见于《民法典》及司法解释之中,整体呈现明示性规则显著不足、替代性规则缺失的困境。面对司法实践对先期允诺法律约束力规则的强大需求,迫切需要法律解释或司法解释予以充分回应。

第二章
先期允诺法律约束力的比较研究

　　"扩张性"的合同观是时代的主流趋势。信赖利益的保护理念将合同义务扩展到合同前谈判和订立阶段。因此,如何在道德上为应受指责的谈判行为和法律上应受谴责的谈判行为之间划定一个连贯的分界线,是现代合同法需要解决的核心议题。对于当事人在先期谈判中做出的允诺是否具有法律约束力,存在不同的规制模式。《欧洲示范民法典草案》①与《欧洲合同法原

---

　　① 《欧洲示范民法典草案》第Ⅱ-9:102条规定:(1)一方当事人在合同订立前所做的陈述,在对方当事人合理地理解该陈述的做出是基于合同如订立该陈述即构成其中一部分时,视为合同条款。在确定对方当事人是否以该方式合理地理解该陈述时,应当考虑以下因素:(a)该陈述对对方当事人的明显的重要性;(b)当事人是否在其经营活动中做出该陈述;(c)当事人的相关专业知识。(2)合同一方当事人是经营者,并于合同订立前就其依合同将提供的财产或服务所具有的具体特征向对方当事人或公众做了陈述的,该陈述视为合同条款,但以下情形除外:(a)在合同订立时,对方当事人意识到或应当意识到该陈述不正确或因其他原因不会信赖其作为合同条款;(b)对方当事人订立合同的决定未受到该陈述的影响。(3)在本条第(2)款中,为经营者从事广告或营销活动的人做出的陈述,视为经营者做出的陈述。(4)对方当事人是消费者的,在本条第(2)款中,由生产者或处于生产者与消费者之间的商业链条中的其他人所做的或代表这些人做的公开陈述,视为经营者做的陈述,但该经营者在合同订立时不知道或不应当知道该陈述的除外。(5)在本条第(4)款所做规定的情况下,在合同订立时不知道或不应当知道该陈述不正确的经营者,有权向做出该陈述的人就该款引起的任何责任请求补偿。(6)就经营者与消费者之间的关系,当事人不得为损害消费者的利益而排除本条规定的适用,也不得减损或变更其效力。

则》①采用明确立法的方式,对构成合同组成部分的先期允诺做出明确安排。大陆法系国家依托于诚信原则和信赖保护理念,赋予先期允诺以法律约束力内核。英美法系国家则将先期允诺的法律约束力问题转化为书面文书的涵盖范围问题,借助口头证据规则通过合同解释制度予以规制。应当看到,模式选择的差异并未掩盖制度设置的共同意志,对先期允诺法律约束力予以保护是现代各国立法的共同选择。

第一节　大陆法系先期允诺的法律约束力

大陆法系与罗马法在精神上一脉相承,习惯于用具体条文的方式对法律规范的适用做统一的系统性规定。因此,在大陆法系国家中,针对先期允诺的法律约束力规定通常以明示条文的方式,针对不同情形做出具体的适用规定。在大陆法系国家中,承认先期允诺需以合同平衡被扰乱,需借由先期允诺的承认及时予以干预为前提,通过将合同义务强加给缔约方以达致合同平衡状态,并以诚信原则与信赖保护理念作为调和谈判自由与法律确定性的手段。

一、德国关于先期允诺法律约束力的规定

第一,基于合理信赖的保护。《德国民法典》第122条对信赖意思表示为有效行为的相对人进行保护。《德国民法典》第122条规定:(1)意思表示依第

---

① 《欧洲合同法原则》第6:101关于"产生合同义务的陈述":(一)一方当事人在合同订立前或合同订立时所做的陈述,如果对方当事人在具体情况下将其合理理解为合同内容时,应视为产生合同义务,考虑:1.该陈述对于对方当事人的明显重要性;2.当事人是否在经营过程中做出该陈述;以及3.双方的相关专业知识。(二)如果一方是专业供应商,在合同签订前的营销、广告或其他方式中,提供服务、货物及其他财产的质量或使用信息,除非表明对方当事人已经知道或应当知道该陈述不正确,否则该陈述应视为合同条款。(三)为专业供应商提供广告、营销服务、货物或其他财产的人,或处在商业链早期环节的人提供的此类信息和承诺,将被视为专业供应商的合同义务,除非该经营者不知道也没有理由知道这些信息或承诺。

118 条①为无效,或者依第 119 条②、第 120 条③已经被撤销的,在应当向他人做出表示时,表意人应当向该他人,在其他情形,应当向任何第三人,赔偿该他人或者第三人因信赖表示有效而遭受的损害,但不得超过该他人或第三人在表示为有效时所具有之利益的数额。该条文也用于扩张解释一方当事人因信赖他方的陈述而订立了合同,然而这些陈述被证明是不正确的,因而合同条件是不利的。④ 承担此义务的原因,在于表意人必须对他的表示承担责任。⑤

第二,消费合同中的特殊规定。《德国民法典》第 434 条规定:(1)物在风险转移时,具有所约定之性能的,物为无物之瑕疵。在下列情形下,以未约定性能为限,物不存在物之瑕疵:(a)物适合于合同预定效用;或者在其他情形下。(b)物适合于通常效用,并且具有在同一种类的物中所惯常的依物之性质能够为买受人所期待的性能。(c)买受人依出卖人、生产者(《产品责任法》第 4 条第 1 款和第 2 款)或者其辅助人的公开陈述,特别是在广告或者关于物之特定品质之标识中的公开陈述,而可以期待的品质,以属于第 2 句第 2 项的性能,但出卖人不知并且亦不应知此种陈述,或者此种陈述在订约时已经以同等方式得到更正的,或者此种陈述没有影响买受决定的,不在此限。

第三,合同解释中的规定。《德国民法典》第 133 条规定:解释意思表示,必须探求真意所在,不得拘泥于所用言词的文字。第 157 条也规定:解释合同,应当符合诚信原则的要求,并且应当考虑交易习惯。德国学者弗卢梅认为,合同谈判通常对合同的解释具有非常重大的意义。在多数情况下,合同该规则的含义基于合同谈判而产生。经常会出现某一问题因在合同谈判中"属于不言自明"而未被合同的基本内容所涵盖的情形。有鉴于此,从合同谈判的意义上来看,该问题属于合同的一部分。即使当事人在合同谈判中已就某一

---

① 《德国民法典》第 118 条[缺乏真意]预期对真意缺乏不致产生误认而进行非真意的意思表示的,意思表示为无效。

② 《德国民法典》第 119 条[因错误而可撤销](1)在做出意思表示时,对意思表示的内容发生错误或者根本不要做出该内容之表示的人,在可以认为其在知悉情事并且理性评价情况即不会做出此项表示时,可以撤销此项表示。(2)关于人或者物之性质的错误,以性质在交易上被视作为重要为限,也视为表示内容的错误。

③ 《德国民法典》第 120 条[因传达不实而可撤销]意思表示被传达所使用之人或者机构不正确地传达的,可以依第 119 条撤销错误做出之意思表示同样的要件予以撤销。

④ [德]迪特尔·梅迪库斯:《德国债法总论》,杜景林、卢谌译,法律出版社 2004 年版,第 97 页。

⑤ [德]卡尔·拉伦茨:《德国民法通论(下册)》,王晓晔等译,法律出版社 2013 年版,第 527 页。

问题达成的协议在合同文本中没有被记载下来,也不能构成第 155 条①的情形,而应当基于合同谈判对该合同文本予以补充。只有当合同按照法律规定属于要式合同时,未被纳入已履行形式要件合同中的约定才不发生效力。②

二、法国关于先期允诺法律约束力的规定

法国法律受"同意是订立合同的必要和充分条件"的理念所支配,因此对于合同存在的证明并不苛求。③ 新《法国民法典》第 1112 条④规定了先合同谈判的诚信义务。该条文源自原《法国民法典》第 1134 条第 3 款,即"合同必须善意履行"。新《法国民法典》的一个创新之处就是将诚实信用原则适用范围扩展到合同前谈判和订立阶段。第 1104 条规定,合同必须本着诚意谈判、订立和履行。该条规则的灵感来自法国判例法和《欧洲合同法原则》⑤。

原《法国民法典》并未涉及合同前谈判阶段的具体规则。当时的解释在于,谈判的时间通常很短,因此不值得立法关注。⑥ 对于合同订立过程进行专门的规则设计,从现代法来看,显然存在着严重的法律安定性问题。因为合同

---

① 《德国民法典》第 155 条［隐存的不合意］双方当事人在自己认为已经订立的合同中,对应当达成协议的一点内容,实际上未成立合意的,可以认为合同即使不对此点做出规定,仍然将会认为已经订立为限,所进行的约定为有效。

② ［德］维尔纳·弗卢梅:《法律行为论》,迟颖译,法律出版社 2013 年版,第 738 页。

③ Nadia E. Nedzel, "A Comparative Study of Good Faith, Fair Dealing, and Precontractual Liability", 12 *Tulane European & Civil Law Forum* (1997) 97: p.126.

④ 新《法国民法典》第 1112 条:"先合同磋商得自由地提起、进行和终止,但必须满足善意原则的要求。磋商过程中犯有过错的,其损害赔偿不得以由于未达成协议而落空的期待利益为补偿对象。"

⑤ 《欧洲合同法原则》第 2:301 条:悖于诚信的磋商(一)当事人有磋商自由,对没有达成合意不负责任。(二)但如果一方当事人所为磋商或终止磋商有悖于诚实信用,则要对给对方当事人造成的损失负责。(三)一方当事人在没有真实意图与对方当事人达成合意的情况从事磋商或继续进行磋商,则有悖于诚实信用。《国际商事合同通则》也有类似规定:第 2.1.15 条:(1)当事人可自由进行谈判,并不因未达成协议而承担责任。(2)但是,一方当事人如果恶意进行谈判或恶意终止谈判,则应对因此给另一方当事人所造成的损失承担责任。(3)恶意,特别是指一方当事人在无意与对方达成协议的情况下,开始或继续进行谈判。第 2.1.17 条:若一个书面合同中载有的一项条款,表明该合同包含了各方当事人已达成一致的全部条款,则此前的陈述或协议均不能作为证据对抗或补充该合同。但是,该等陈述或协议可用于解释该书面合同。

⑥ "Pre-contractual negotiations—a new codified French regime", Andrew Tetley Aurélie Lopez, reedsmith, last modified November 23, 2019, https://www.reedsmith.com/en/perspectives/2017/02/precontractual-negotiations—a-new-codified-french.

磋商的过程不仅有其独立的法律规制意义,更对生效与否、合同内容有无瑕疵等问题有重要影响。法国新债法在合同磋商一节主要意在处理合同自由与自由滥用之间的平衡问题,亦即,既要保证合同自由,不能仅仅因为合同未签订而怪罪一方,也不能放纵善意和公平的做法。有鉴于此,第1112条确立了磋商自由和善意磋商的对立统一原则。①

对于违反诚信原则的救济,受诺方只享有损害赔偿的权利,且该损害赔偿范围为可收回损失而非期待利益损失;原则上受诺方不能要求恢复谈判以缔结合同,《欧洲合同法原则》也采用了同样的做法,这一方法主要基于合同自由原则和作为合同订立的先决条件的自由同意要求。② 法国法律采用了合同前责任机制,即只有根据谈判合同的规定进行谈判时,如果谈判一方违反了他在诚信方面的谈判义务,则其责任具有合同性质。③ 在法国,合同前责任不是基于合同法,而是基于侵权原则。如果双方当事人在正式文件签署之前表现出不受约束的意图,那么在正式文件签署之前,他们将不受约束。因此,如果双方不能完成合同,双方都不负责任。尽管合同责任缺位,但在谈判阶段仍存在诚实和善意的义务,其义务来源于侵权虚假陈述理论,这要求当一方做出虚假陈述而造成另一方损害时,做出虚假陈述的人有义务补救损害。④

此外,新《法国民法典》第1194条规定:"具有拘束力的内容不仅仅包括合同中明确表述的事项,而且还包括公平原则、习惯或合同性质要求当事人承担的所有后续结果。"该条文延续了原《法国民法典》第1135条的规定,即除了契约明确规定的债务之外,如果公平、惯例或契约性质要求契约当事人承担某些债务,契约当事人也应当履行契约没有明确规定的债务。⑤ 因此,即便契约当事人之间的契约没有做出明确规定,如果公平原则要求契约的一方当事人对

---

① 事实上,诚信原则成为调和谈判自由与法律确定性的手段,在德国、荷兰和瑞士法律中都得到确认。秦立威等:《〈法国民法典:合同法、债法总则和债之证据〉法律条文及评注》,《北航法律评论》2016年第1期,第193页。

② See John Cartwright, Stefan Vogenauer, Simon Whittaker, *Reforming the French Law of Obligations* (London: Hart Publishing, 2009), p.38.

③ John Cartwright, Stefan Vogenauer, Simon Whittaker, *Reforming the French Law of Obligations* (London: Hart Publishing, 2009), p.40.

④ Ralph B. Lake, "Letters of Intent: A Comparative Examination Under English, U.S., French, and West German Law, 18 *George Washington Journal of International Law and Economics* (1984) 331: p.350.

⑤ 张民安:《法国民法》,清华大学出版社2015年版,第350页。

另一方当事人承担某种债务,则该方当事人应当按照公平原则的要求对另外一当事人履行此种债务,就像他们之间的契约对此种债务做出了明确规定一样,因为法官认为,公平原则规定的此种债务属于契约当事人原本会同意的债务,法官将公平原则规定的此种债务强加给契约当事人并没有违反他们之间的意思表示。[1]

三、葡萄牙关于先期允诺法律约束力的规定

《葡萄牙民法典》第 221 条规定:"一、凡在法律对法律事务意思表示所要求之文件做成前,或在其做成之同时所做之附带口头订定,均为无效;但如规定有关意思表示方式之理由不适用于该等订定,且能证明该等订定符合表意人之意思者除外。二、在做成文件后所做之订定,仅在法律对意思表示方式有特别要求之理由适用于该等订定时,方须遵守此种法定方式。"第 222 条规定:"一、如法律不要求以书面方式做意思表示,而表意人已采用该方式者,则凡于做出书面文件前或与之同时所做之附带口头订定,只要显示系符合表意人之意愿,且法律并无规定须以书面方式做出,均为有效。二、凡在做成文件后所做之附带口头订定,均为有效,但法律要求以书面方式为之者除外。"同时,根据善意原则,当事人不得违背其先前所做出的同意。

第二节　英美法系先期允诺的法律约束力

英美法系具有法律约束力的先期允诺主要存在于口头证据规则的例外情形中。口头证据规则是英美法系通用的关于外部证据是否能够引入合同的鉴别规则。根据口头证据规则的规定,先期证据不能允许增加、改变或同书面文书相矛盾。[2] 作为捍卫书面文书严肃性的形式规则,口头证据规则曾一度被认为是阻碍先期允诺进入合同的制度壁垒。事实上,口头证据规则虽意在实现确定性,但对该规则的严格适用则会导致大量关涉当事人意图的证据被不公平地排除在外,既是对合同当事人意思自治的违背,也是对合同法公平正义追求的倾覆。据此,实践中逐渐衍生出大量例外规则,以达致合同确定性与公平

---

① 张民安:《法国民法》,清华大学出版社 2015 年版,第 350-351 页。

② G. H. Treitel, *The Law of Contract* (Loncon: Sweet & Maxwell, 2003), p.192.

性的平衡。

一、美国法上具有法律约束力的先期允诺

第一,法律效力条件。作为法律效力条件的先期允诺因独立于合同文书的形态以及对合同文书影响的重要性而具有法律约束力。具体包括:(1)合同的先决条件。如果有一个口头协议约定,除非满足某些条件,否则书面文书不作为具有法律效力的合同,那么在此之前,书面文书不是合同,因此口头证据规则不适用。① (2)证明合同无效的证据。口头证据规则中,如果后合同存在"无效理由",例如缺少对价、胁迫、错误、违法或欺诈,口头协议可以被接受。其中非常重要的因素是欺诈,特别是允诺欺诈原则(Doctrine of Promissory Fraud)。尽管欺诈通常涉及事实陈述,但根据允诺欺诈原则,如果允诺人做出允诺时,存在不履行允诺的意图,则该允诺是欺诈性的。因此,在口头证据规则的欺诈例外的情况下,如果允诺人订立后合同时有意不履行合同,则属于该规则范围的口头协议具有强制执行效力。②

第二,附属协议。如果口头证据是完整书面文书的"附属品"(即与标的物有关,但不是主要承诺的一部分),并且不与完整协议相抵触,在此种情况下,口头证据通常会被认为是可接受的。③ 具体而言,构成附属协议(Collateral Agreement)应满足以下条件:第一,不与书面文书相矛盾;第二,它不应与主要交易有如此明确的联系,以致成为主要交易的一部分;第三,具有单独的对价或构成"自然省略"条款。④ 通常意义上,"自然省略"条款(Naturally Omitted Terms)是指双方自然可能单独制定的,通常不希望在书面文书中体现的条款。《合同法重述》将其定义为"可能—自然—被省略"(Might-Naturally-Be-Omitted)例外,§240 规定为"可以视为书面合同当事人订立的单独协议",采用一般理性人标准,相比于实际缔约方是否会自然地将口头协议作为单独协

---

① Melvin A. Eisenberg, *Foundational Principles of Contract Law* (Oxford: Oxford University Press, 2018), p. 547.

② Melvin A. Eisenberg, *Foundational Principles of Contract Law* (Oxford: Oxford University Press, 2018), p. 544.

③ Melvin A. Eisenberg, *Gilbert Law Summaries: Contracts* (Chicago: BarBri Group, 2002), p.125.

④ Mark K. Glasser, Keith A. Rowley, "On Parol: The Construction and Interpretation of Written Agreements and the Role of Extrinsic Evidence in Contract Litigation", 49 *Baylor Law Review* (1997) 657: p.726-727.

议,只有当理性当事人本自然会将口头协议作为单独协议订立时,这一例外才适用。① 典型案例为 Mitchill V. Lath 案②。《合同法重述》(第二版)将其界定为本应包含测试(Would-Certainly-Have-Been-Included)。§216 规定:(1)一致的附加条款可以作为证据补充到完整协议中,除非法院认为该协议是完全完整的。(2)如果书面文书省略了一致的附加条款,则该协议并非完全完整……(b)当时情况下从书面文书中自然省略的条款。注释 d 解释:d.自然省略条款。如果有人声称在完整协议中省略了一致的附加条款,且这种省略在当时的情况下似乎是自然的,则无须进一步考虑协议是否完全完整以及省略调控是否在其范围内的问题……此外,没有任何规则或政策仅仅因为其协议方式对他人而言不自然而惩罚该当事人。即使这种省略似乎并不自然,但除非法院认定该书面文书是作为协议条款的完整和排他性的陈述,否则一致的附加条款的证据是可采信的。③ 典型案例为 Masterson V. Sine。④《统一商法典》缩小了口头证据给排除范围,UCC §2-202,评注 3 规定:根据(b),一致的附加条款(未简化为书面形式)可以被采纳,除非法院发现书面文书是双方当事人对所有条款的完整和排他性陈述。如果附加条款是这样的,即如果达成一致,在法院看来,他们本应被包含在书面文书中,那么他们主张的证据应当被事实审

① See Melvin A. Eisenberg, *Foundational Principles of Contract Law* (Oxford: Oxford University Press, 2018), p. 537-538.

② 247 N.Y. 347, 160 N.E. 646 (1928).

③ 以下是 §216 的三个示例:4. A 欠 B 1 000 美元。他们口头协议,A 将以 3 000 美元的价格将甲地售给 B,1 000 美元将从价格中扣除,然后签署一份书面协议,表面上完整的,但未提及 1 000 美元的债务或信贷。该书面协议并非完全完整的,关于信贷的口头协议可作为补充书面协议的证据。7.A 和 B 签署了一份书面协议,表面上完整,约定销售的货物由 A 公司从芝加哥运到纽约。据称,书面协议是在口头理解的基础上签订的,即货物按照指定路线运输。根据《统一商法典》§2-311 和 §2-504,除非另有约定,否则 A 可以通过任何合理的航线进行运输。书面协议是不完全完整的,口头理解可以作为补充其条款的证据。8.A 和 B 达成口头协议,A 应在指定的工作岗位为 B 工作,B 向 A 做出书面承诺在 6 个月内支付 3 000 美元。口头协议的条款可以作为补充书面承诺以及确认 B 支付 3 000 美元义务的证据。

④ 436 P.2d 561 (Cal. 1968).该案中,Dallas 和 Rebecca Masterson 以书面合同的形式将他们的农场转让给了 Luand Medora Sine,Medora 是 Dallas 的妹妹。协议规定 Masterson 有权以指定价格回购牧场。双方口头同意,该选择权属于 Masterson 个人(即该选择权不能转让或转让给第三方)。法院采取了科宾方法,认为口头协议的证据不受口头证据规则的限制。在得出这一结论时,法院考虑了案件的具体情况,而不是简单地考虑抽象的理性人会做些什么。法院指出,难以将口头协议纳入合同框架,事实上,该交易是在一个家庭的成员之间进行的,没有任何迹象表明当事人意识到不将口头协议纳入合同的危险。

理者排除。换言之,如果对于一个普通人而言,不把该条款写入书面文书中是自然和平常的,则该条款即为"自然省略"条款。①

第三,明示保证。《统一商法典》规定了货物买卖中的明示保证(Express Warranties)。UCC§2-313②(a)卖方向买方就货物做出的许诺或对事实的确认,如果构成交易基础的一部分,卖方即明示保证货物将符合该许诺或确认。就该许诺或确认是否构成交易基础的一部分,法院往往需要考虑:销售的具体情况;买方相信卖方的合理性;买方对卖方陈述的信赖。但明示保证的成立不需要卖方有意设立保证;不需要关涉"保证"或"担保"的正式用语;不需要同订立合同时间精准一致。

第四,解释书面协议。口头证据可作为辅助解释工具用以证明当事人在书面协议中所用词语的含义,以及填补合同漏洞。前者主要以缔约过程、履行过程和惯例的形式存在,且其使用可以同书面文书本身相矛盾。严格来说,缔约过程、履行过程或贸易惯例的证据不是口头证据,而是协议的内容。因为它与当事人之间的协议无关,并且,在货物销售合同中,UCC§1-201(3)节将"协议"(Agreement)定义为"事实上,当事方以其语言或其他情况(包括本法规定的交易过程或贸易惯例或履行过程)的含义达成的交易"。因此,从字面上讲,根据UCC,交易过程、履行过程和贸易惯例,不是协议之外的口头证据,而是协议的一部分。从这个观点来看,交易过程、履行过程和贸易惯例是可以接受的,即使它们与书面文书相矛盾。法院越来越倾向于承认这种观点,特别是在证据逻辑上与协议的明确语言不一致的情况下。③

第五,格式条款。美国《消费者合同法重述》(第五版)§8规定:同企业先前确认的事实或承诺相矛盾、对其不合理限制或未能就此产生合理的预期效

---

① See Arthur L. Corbin, "The Parol Evidence Rule," 53 *Faculty Scholarship Series* (1944) 603: p.642.

② UCC. §2-313(1)卖方以如下方式做出明示保证:(a)卖方向买方就货物做出的许诺或对事实的确认,如果构成交易基础的一部分,卖方即明示保证货物将符合该许诺或确认。(b)对货物的说明,如果构成交易基础的一部分,卖方即明示保证货物将符合此种说明。(c)任何样品或模型,如果构成交易基础的一部分,卖方即明示保证全部货物都将符合此种样品或模型。(2)明示保证的产生,不取决于卖方是否使用"担保"或"保证"这类正式用语,也不取决于卖方是否具有提供保证的特别意图;但是,卖方仅仅确认货物的价值,或仅仅对货物提出意见或做出评价,并不构成保证。

③ Melvin A. Eisenberg, *Gilbert Law Summaries*: *Contracts* (Chicago: BarBri Group, 2002), p.130.

果的格式合同条款不构成就该条款协议的最终表达,也不具有根据口头证据规则解除先前确认事实或承诺而产生的义务的效力,主要基于格式合同条款,并非基于双方起草谈判协议的共同努力。因此,没有理由将其视为双方共同设计协议的意愿表达,也因此更没有理由允许他们推翻对事实的确认或对消费者做出的承诺。因此,当格式合同条款与先前确认的事实或承诺不一致时,《消费者合同法重述》否认口头证据规则对这些条款的排除效力。①

二、英国法上具有法律约束力的先期允诺

虽然英国法律长期以来一直信奉契约自由和合同的约束力,但它在很大程度上抵制了诚信或契约公平的观念。英国法没有关于诚信磋商或履行契约的一般义务,对于先期允诺的规制是在特定的环境和具体的规则下处理的。理由在于:其一,诚信义务被认为是含混不清的,内容也不明确;其二,当事人之间的关系是对抗性的,而不是合作性的,至少在合同谈判的情况下是这样的;其三,之所以不愿意超越合同条款是因为这可能损害确定性。② 英国合同法中,当事人在合同订立前的谈判过程中做的陈述(以下简称"先期陈述")能够成为合同条款或取得合同效力,通常可以采取两种方式:构成主合同条款,或构成附属合同条款。

第一,主合同条款。关于先期陈述是构成合同条款还是单纯的陈述问题,曾因被视为事实问题而交由陪审团处理。现代司法实践中不再将该问题交由陪审团处理,但并未更改该问题的实质属性,决定先期陈述是否构成合同条款,仍然是事实问题,而决定这一实施问题的核心在于确定当事人的意图。由于当事人做出陈述的意图具有主观性,英国法上并未设定严格的规则来确定此种意图的存在,但会从案件中推导出主要的指导原则和考量因素。实践中,就先期陈述是否构成合同条款,法院的主要考量的因素包括:(1)陈述是否特别重要。如果陈述非常重要,没有该陈述另一方当事人根本不可能订立合同,则该陈述可能被视为合同条款。(2)向相关的对方当事人所做陈述的人是否内行。判断一项先期陈述是合同条款还是仅仅是陈述,也取决于当事人确定所述内容真实性的相对能力。③ 如果陈述人相对于另一方能够更好地确定陈

---

① The American Law Institute, Restatement of the Consumer Contracts Law (2019), p.116.

② See Solene Rowan, "The New French Law of Contract", 66 *International and Comparative Law Quarterly* (2017) 805: p.814.

③ G. H. Treitel, *The Law of Contract*(London: Sweet & Maxwell, 2003), p.354.

述的准确性或对此负有主要责任,法院将倾向于将其视为合同条款。① (3)陈述真实性的验证。如果做出陈述的人明确要求另一方核实其真实性,则该陈述不太可能成为合同的一项条款。(4)做出的时间也是法院的考量因素。从做出陈述到合同订立之间的时间间隔也会成为法院考量先合同陈述是否构成合同的因素。一般而言,从陈述到合同订立经过的时间越长,陈述就越不可能成为合同的条款。

第二,附属合同条款。先期谈判中的陈述即便不能作为合同条款生效,也可以作为独立的附属合同得以执行。在这种情况下,通常认为当事人订立了两项相关合同,一项是主合同,即书面协议;另一项则是附属(口头)合同。典型案件为 De Lassalle V. Guildford②,房屋的有意承租人拒绝执行租约,除非房东首先向他保证排水系统良好。房东保证了这一点,但这不包括在租约中。尽管如此,当排水管被发现有缺陷时,房东仍要为违反附属合同承担责任。先期陈述构成附属合同需要满足两个条件。首先,该陈述意图受法律约束,具体体现为两个方面:第一,该陈述具有当事人受到合同约束的意图;第二,有某种迹象表明,当事方有意将其作为附属合同而不是作为主合同中的一个条款生效。③ 这也是先期陈述是否能构成附属合同的重要检验标准,即如果该陈述同涉及整个交易实质的条款有关,则该陈述不能构成附属合同。④ 其次,该陈述相比主合同具有独立性。构成附属合同的陈述之所以能够打破口头证据规则关于"外部证据不得改变或增加书面文书"的规定,在于其并未改变书面协议,也未增加书面协议,而是一项独立的协议。如果先期陈述能够证明其独立性,就可作为附属合同而获得强制执行的效力。通常,能够确切证明独立性的陈述体现为具有单独的对价支持。并且,即使在信赖附属合同一方有义务订立主合同的情况下,订立主合同的行为如果事实上赋予另一方利益,也将构成对附属合同的对价。⑤ 值得注意的是,先期陈述能否构成独立附属合同还需考虑其他因素。首先,陈述内容的检验。如果该陈述的内容改变或同主合同实际规定的条款相矛盾,则该陈述不能被采纳;如果主合同规定,在合同谈判期间

---

① See Jack Beatson, Andrew Burrows, John Cartwright, *Anson's law of contract* (Oxford: Oxford University Press, 2010),p.135.

② (1901)2 K B.215.

③ See G. H. Treitel, *The Law of Contract* (London: Sweet & Maxwell, 2003),p.356.

④ See G. H. Treitel, *The Law of Contract* (London: Sweet & Maxwell, 2003),p.200.

⑤ See G. H. Treitel, *The Law of Contract* (London: Sweet & Maxwell, 2003),p.357.

所做的陈述不具有这种效力,则该陈述不构成附属合同。其次,陈述时间的考量。主张构成附属合同的陈述的做出与主合同的订立之间有相当长的时间间隔,这一事实也可能否定合同意图。

第三,合同解释的辅助工具。实践中,即便存在口头证据规则,外部证据也可以通过以下情形被接受:(1)解释合同的完整性。当合同简化为书面形式时,有一种推定,即书面文书意在包括合同的所有条款;但这种推定是可反驳的。如果书面文件不打算列出双方当事人实际商定的所有条款,则可以接受外部证据。① 在判断合同完整性层面,通常由信赖该书面文书为完整合同的一方证明他有合理的相信理由,除非该书面文书中包含其为整个合同的说明,否则另一方当事人可以提出双方当事人事实上已达成一致的外部条款证据以帮助解释双方当事人的真实意图,从而判定外部证据是否被采纳。(2)解释合同的有效性。如果先期谈判证据的存在是对合同有效性的质疑,则该证据可以被采纳。具体而言,包括两种情况:其一,证明合同无效。如果外部证据的存在是为了证明合同无效,例如,违反法律规定、虚假陈述、错误、胁迫等,此类外部证据可以被采纳。其二,证明合同尚未生效或已经停止生效。典型案件为Pym V Campbell②,在该案中,双方当事人在一份关于专利销售的书面协议之外,存在一项口头规定,即第三方批准该项发明之前,该协议不应生效。该口头规定作为书面协议的生效条件,最终为法院所采纳。(3)解释合同的内容。其一,解释(Interpretation)合同。如果合同中存在模棱两可的词或短语,不同于字面理解意义的词或短语,或同一文书中存在相互矛盾的词或短语。此时,先期谈判的证据可作为合同的"事实背景",用以澄清争议合同中的语言含义。③ 其二,填补合同漏洞。就合同未规定的内容,先期谈判的证据可以被视为合同内容的附件,用以补充书面合同。通常习惯或惯例可以作为填补合同漏洞的主要先期谈判证据。先期谈判中能用于填补合同漏洞的陈述应当同合同内容相一致,与书面合同内容矛盾的证据不能用于填补漏洞。合同对法律通常默示条款的事项未做规定的,可以提供口头证据支持或者反驳通常的默示条款。④

---

① See G. H. Treitel, *The Law of Contract*(London: Sweet & Maxwell, 2003), p.193.

② (1856) 6 E. & B. 370.

③ See G. H. Treitel, *The Law of Contract*(London: Sweet & Maxwell, 2003), p.197.

④ See G. H. Treitel, *The Law of Contract*(London: Sweet & Maxwell, 2003), p.195.

小　结

整体而言,无论是大陆法系还是英美法系的国家,都并未全然否定先期允诺的法律约束力,而是基于不同原因,采用不同路径,在不同程度上给予先期允诺以法律约束力空间。比较法上对先期允诺法律约束力认定主要集中于四个领域:(1)普遍意义上对相对方合理信赖的保护;(2)买卖合同中关于产品质量或数量的明示保证;(3)消费合同中对先期允诺的承认;(4)合同解释中的辅助工具。同时,承认先期允诺普遍性法律约束力不仅是效仿其他国家的路径借鉴,也是同国际商事实践接轨的必然选择。《国际商事合同通则》①与《联合国国际货物销售公约》②对于先期允诺的法律约束力都已给予不同程度的肯定,建立先期允诺的普遍性法律约束力规则,是适应时代发展、迎合国际交易的必然选择。

---

① 第1.8条:如果一方当事人致使另一方产生某种理解,且另一方当事人信赖该理解合理行事并对自己造成不利,则该方当事人不得以与该理解不一致的方式行事。第2.1.17条:若一个书面合同中载有的一项条款,表明该合同包含了各方当事人已达成一致的全部条款,则此前的陈述或协议均不能作为证据对抗或补充该合同。但是,该陈述或协议可用于解释该书面合同。第4.3条规定"适用第4.1条和4.2条时,应考虑所有情况,包括:(a)当事人的初期谈判……"。

② 第8条第(3)款:在确定一方当事人的意旨或一个理性人应有的理解时,应适当地考虑与事实有关的一切情况,包括谈判情形、当事人之间确立的任何习惯做法、惯例和当事人其后的任何行为。

第三章
先期允诺法律约束力的正当性根据

法律所保护的,并非仅是一个业已存在的契约关系,正在发展中的契约关系亦属法律保护范畴;否则契约关系将暴露于外,不受保护,使缔约一方当事人成为他方疏忽或不注意的牺牲品。[①] 先合同谈判阶段当事人的关系形塑,不仅取决于超然的法律承诺,更源自于对信任的尊重和期待。就先期谈判而言,如果谈判各方在谈判时对其义务,特别是对其法律约束力的程度存在不同的理解,那么他们就不太可能就这些义务的法律性质达成一致意见。[②] 对先期允诺的法律约束力做出合理规制,对于弥合合同当事人之间的信息鸿沟,防止信任滥用,具有重要的现实意义。先期允诺法律约束力的正当性,应综合考察先期允诺法律约束力的现实依据及价值和理论的支撑,在细致阐述中就该问题给出丰富、合理的回答。

第一节　先期允诺法律约束力的现实依据

传统合同法注重对规则执行的确定性和可预见性的维护,主张将合同关系的可用信息限制在合同文本中。其遵循的理念是,合同义务基本上是自我负担和自愿的。法院的职责是执行双方达成的协议,而不是创造和替代新的

---

① 王泽鉴:《债法原理》,北京大学出版社 2009 年版,第 181 页。

② Leon E. Trakman & Kunal Sharma, "The Binding Force of Agreements to Negotiate in Good Faith", 73 *Cambridge Law Journal* (2014) 598: p.610.

协议。① 商业环境的变化与科技手段的进步,使得合同不再是谨慎思考的结果,而是具有相对程度的开放性。由此,维护合同内容及商业交易的确定性理想需同社会期待的变革相权衡,对确定性的信仰不应依附于合同文本的确定性,而需赋予先期允诺以法律约束力以促进商业交易的确定性和稳定性。

一、书面合同的神圣性下降

传统合同法依据的交易模型是两个独立的理性人基于充分的磋商和思想交流所产生的使双方均能从中受益,并将其共同固定于合同文书的理想化图景。因此,传统的书面文书是昂贵的、稳定的,并且经过深思熟虑的。合同以书面形式存在即意味着神圣性,因为书面文书冻结了合同中的重要条款。事实上,大数据时代书面文书的以上主要特征均受到巨大冲击。

(一)书面文书的成本价值降低

在中世纪,书籍是极其珍贵的劳动密集型物品。纸、墨、笔、装订等都是手工制作的。纸张本身也是由一个复杂、耗时的过程来制作的。亚麻布经过整理、洗涤、发酵数天,反复切割、搅拌,直到形成纸浆,再经挤压、压榨、粘合、切成薄片,然后用石头将纸打磨得具有光泽。仔细的线条和镀金的图像把这些书的每一页,甚至文字本身,都变成了艺术品。文字是劳动密集型的,需要熟练的、有文化的工匠的时间。因此,书面语言是如此珍贵,以至于它的存在就表明了仔细思考的应用。② 电子时代书面文字的价值发生了深刻而持久的变化——纸张的成本大幅降低。书面文字是廉价的,而且无处不在。打印机和复印机的出现让任何人都可以以过去时代无法想象的速度写作,书面文字固定的不再是人们对情感、行为的深切渴望,而是转瞬即逝的思想。③ 网络并不是对精心书写文字的回归,而是一种对文本形式多元化的深切拥抱。

(二)书面文书的变化速度提升

传统书面合同之所以受到法院的极大尊重,在于书面文书的稳定性。书

---

① See Catherine Mitchell, *Interpretation of Contracts* (New York & London: Routledge-Cavendish, 2007), p.18.

② See Devin Looijen, "Time for a Change: The Schema of Contract in the Digital Era", 2 *Journal on Telecommunications and High Technology Law* (2010) 547: p.551.

③ See Devin Looijen, "Time for a Change: The Schema of Contract in the Digital Era", 2 *Journal on Telecommunications and High Technology Law* (2010) 547: p.553.

面合同是不可变的,书面协议暂停了双方的谈判,明确了双方同意的确切条款。数字时代书面文书的变化速度显著提升:一方面,基于文字本身的可变性。数字时代,网站上发布的文字可以像水一样流动和变化,事实上,维基百科关于"果酱"的条目在 10 个月内被修改了 75 次。① 另一方面,则是因为合同起草方保留了随时修改合同的单方修改权限。例如,现代信用卡协议通常规定,信用卡发行人将在以后以书面形式提供合同条款,并且可以通过未来邮寄打印文书的方式单方面更改信用卡协议条款。②

(三) 书面合同的仪式意义减弱

传统合同具有仪式意义,表明双方当事人意图受到契约约束。传统合同中,书面合同和印章的法律仪式是暗示协议重要性的潜台词,这些仪式的存在提醒各方认真对待他们的协议,并仔细考虑潜在的后果。③ 书面文书的存在本身即代表双方当事人严肃、有约束力的同意。数字时代的交易中,当事人的同意不再是确保合同有约束力的前提,在很多合同中,甚至没有当事人的同意。以网站的"服务条款"为例,用户点击"注册"按钮即表示其阅读并同意该使用条款和隐私政策,而事实上,用户并未真正阅读该条款。因此,书面文字不再是某种经过仔细考虑、严谨、深思熟虑和计划的协议的象征,更无法表明契约的约束意图。④

二、交易方式的多样性变化

(一) 网络交易

电子商务的发展,使网络交易成为现代交易中广泛采用的交易模式之一。网络交易的主要特征是虚拟性,买方在购买商品时往往并未看到货物的真实情况,买家对商品的直观印象来自产品介绍及卖方在先期沟通中的承诺。该承诺既包括产品状况的承诺,例如,网络购物平台卖家关于"保修""质量""使

---

① See Devin Looijen, "Time for a Change: The Schema of Contract in the Digital Era", 2 *Journal on Telecommunications and High Technology Law* (2010) 547: p.555.

② See Alan M. White; Cathy Lesser Mansfield, "Literacy and Contract", 13 *Stanford Law & Policy Review* (2002) 233: p.249-250.

③ See Devin Looijen, "Time for a Change: The Schema of Contract in the Digital Era", 2 *Journal on Telecommunications and High Technology Law* (2010) 547: p.553.

④ See Devin Looijen, "Time for a Change: The Schema of Contract in the Digital Era", 2 *Journal on Telecommunications and High Technology Law* (2010) 547: p.556.

用效果"(卖家承诺祛斑商品三个月左右可以根除斑点)的承诺;还包括合同内容及履行方式的承诺,例如,商家关于赠品的承诺、商家自主承诺或双方约定以特定快递方式发货、商家在买方付款后自主承诺或双方约定针对商品价格给予个别优惠或折扣等。

网络交易衍生出的大量的先期允诺,迫切需要法律约束力规则予以统一规范、制约,以防止其因游离于合同内容之外而成为商家诱导消费者消费的手段。事实上,网络交易中的先期允诺应当构成合同内容,业界已经达成广泛共识。网络购物平台已通过具体规范的设置承认卖方先期允诺以及双方先期谈判中达成一致意见的合同的法律效力。例如,《淘宝网市场管理与违规处理规范》第 41 条对淘宝卖家关于发货时间、交易价格、运送方式、交易方式等承诺的违背行为的处罚方式做出明确规定,旨在要求卖家谨慎承诺并积极履诺。同样,法院也认可了网络购物中双方交易前沟通记录的法律约束力。例如,在"江某某与高某某买卖合同纠纷"①案中,法院认为,双方当事人系通过"淘宝网"这一网络媒介达成买卖合同,故双方买卖合同关系的内容包括但不限于"淘宝网"订单系统所留存的交易记录,还包括双方通过"阿里旺旺"就商品特征、性能、品质及价格进行沟通后所达成的一致意见,即卖方在双方达成买卖合同时所做的承诺构成的合同内容。

(二) 长期交易

现行市场中的交易模式已从"一时一地一事"的简单协商到长期、复杂的多元协商的转变。虽然合同法鼓励缔约方以书面形式固定协议的所有条款,但仍然存在一些交易形式,无法以书面形式固定当事人所有的合同条款,其中以长期交易最为典型。长期交易衍生出的协议形式即为"长期合同"(Long-term Contracts),或称为"关系合同"(Relational Contract)。具体是指由于双方不能准确地预测未来事项,因而倾向于保持交易关系开放以进行持续性的谈判和修订而导致条款未定的合同。由于双方关系的条款预计会随着时间的推移而发展,因此双方不能以低成本而将整个合同固定于书面文书中。②

长期合同的特殊性源于其合同期限的长期性,易于受到未来事件和双方

---

① "江某某与高某某买卖合同纠纷",[上海市第二中级人民法院(2018)沪 02 民终 4165 号]。

② Eric A. Posner, "Parol Evidence Rule, the Plain Meaning Rule, and the Principles of Contractual Interpretation", 146 *University of Pennsylvania Law Review* (1997) 533: p.557.

关系演变的影响。由于无法要求缔约方在高度不确定的环境中预见它们长期关系的每一个细节,需要保持贸易关系的开放性以进行不断的谈判和修订。①因此,长期交易中的合同不再是谨慎思考的结果,而是具有相对程度的开放性,双方当事人可能会在持续相当长的时期进行多次谈判。长期合同拓宽了合同的边界,合同不再如此鲜明地区别于其他社会关系的开放性承诺。先期允诺作为双方关系演变的基本背景,是缔约双方评估以及管理双方关系的重要组成部分。

三、科技手段固定信息的便利性

传统合同法对于文本确定性的固守,缘自对人类记忆的脆弱性与不确定性的质疑。英美法系阻止外部证据改变或反驳书面协议的口头证据规则,即起源于对书面文字的特别关注与对人类记忆确定性的不信任。他们认为,书面合同提供了比当事人口头证词更可靠的协议条款证据。因此,该规则的一个主要功能是防止欺诈或伪证。②法院对伪证提供最佳保护的普遍态度使得其不得已以一种机械的手段来确定正义和真相。

诚然,纸质载体具有稳定性和可保存性等物理特性使其具有证明合同内容的先天优势,相比而言,口头承诺往往难以固定、更难以证明。但是,记载技术的发展打破了这一传统论断。随着电子媒介在现代交易中的广泛使用,电子媒介取代了传统的口头证词。人们无须再依赖不确定的记忆,而可以凭借电子邮件、语音邮件、录音、传真以及其他方式准确地记录并还原交易的原貌。这些方式不仅具有确定性,而且易于储存和访问。因此,合同订立前的先期谈判,不再是依据当事人不确定的记忆,而是依赖数据电文等辅助信息,他们同样具备书面文书具有的证据功能和文书功能。

---

① Eric A. Posner, "The Parol Evidence Rule, The Plain Meaning Rule, and the Principles of Contractual Interpretation", 146 *University of Pennsylvania Law Review* (1998) 533: p.558.

② Michael B. Metzger, "The Parol Evidence Rule: Promissory Estoppel's Next Conquest", 36 *Vanderbilt Law Review* (1983) 1383: p. 1387.

第二节　先期允诺法律约束力的理论基础

单纯的允诺不具有执行力,除非它伴随有法院使其产生拘束力的因素。[①] 合意、允诺的原因、法定形式、信赖表征、对待给付等,均为给予允诺强制执行力以正当性依据的"形式外衣"。现代合同法中意志理论的贫困与形式主义的式微决定了当事人的意思与合同的形式不再是促成合同产生法律约束力的唯一的、无条件的因素。附加于当事人合意之上的物质性因素,为合同缘何具有法律约束力提供了正当性、本源性的解释,这种附加性因素,在大陆法系即为"原因",而在英美法系则为"约因"和"信赖"。

一、大陆法系的原因理论

原因理论产生于罗马法。古典罗马法将契约分为有名契约、无名契约和简约。有名契约与无名契约均属"市民法债"(Obligations Civiles)范畴,基于要式性、要物性及类型性而获得法律效力,具有罗马法真正意义的债属性。[②] 简约则是以当事人合意为基础、无特定形式、不属于特定类型的协议。罗马法上并不承认简约具有充分的债的效力,因为简约属于"自然法债"(Obligation Aturalis)的范畴,所谓"自然法债",是和自然法或万民法相对应的,它既不产生要求给付的权利,也不产生履行给付的义务,因而它们不拥有诉权,仅产生抗辩。[③] 罗马法上的"原因"产生,就是在为简约"穿衣",使其获得同无名契约相同法律效力的过程。

中世纪法学家的探索将原因理论发展为统一的法律学说。(1)注释法学派。优士丁尼时代,要式口约的衰退以及简约制度的成长,使得古典罗马契约制度土崩瓦解。[④] 早期罗马法以形式主义为合同效力根源的解释模式业已受

---

① 陈融:《解读约因:英美合同之效力基石》,法律出版社 2011 年版,导论第 13 页。
② 罗马法将有名契约分为实物契约、口头契约、文字契约和合意契约。其中,文字契约与口头契约作为罗马市民法遵循形式主义的产物,因采用特定形式而具有法律效力,具有要式性特征。实物契约与无名契约因具有对于标的的"要物性"而获得法律效力,前者的标的表现为返还原标的物,后者则为交换不同的给付。合意契约因类型特定而受到保护,具有法律效力。
③ 徐涤宇:《原因理论研究》,中国政法大学出版社 2005 年版,第 52 页。
④ 徐涤宇:《原因理论研究》,中国政法大学出版社 2005 年版,第 66 页。

到冲击。据此,中世纪注释法学家和评注法学家结合亚里士多德与阿奎那关于美德的理论,运用经院方法,为合同效力解释提供了一种新的正当性说明模式——为协议(简约)找到一个交换物——原因,但仅将原因描述为"所给的某物或所做的某事",而对于实物契约、要式契约、合意契约等,注释法学家仍然认为形式、标的物的交付等才是契约具有强制执行力的根源。① (2)评注法学派。评注法学派在注释法学派的理论基础上,确立了原因理论的一般规则,即当事人的合意是有拘束力的,原则上仅当具备以下两个原因之一:慷慨或所得源于所予。② 至此,原因一词已经成为"能够涵盖何以各种契约具有(或应该具有)法律拘束力的各种理由的一般术语"。③ (3)后期经院法学派。后期经院法学家对罗马法和亚里士多德以及阿奎那的道德哲学,他们根据允诺行为的目的——交换正义或慷慨正义——而将契约定义为买卖或赠与契约,并从定义推导出当事人应负的义务。④ 后期经院法学家将道德意志附加在当事人的意志之上,在伦理上说明赋予合同效力的理由,使原因理论成为统一的法律学说。

大陆法系国家对原因理论进行继受的国家主要是法国,原《法国民法典》第 1108、1131 以及 1133 条⑤是原因理论最为直接的体现。《法国民法典》中并未就原因的内涵做出说明,学界对于"原因"的内涵与具体作用存在两种解释,即客观原因论与主观原因论。客观原因论沿用了传统原因理论中的"近前目的因"⑥的概念,认为原因不过是一种"交换物"⑦;主观原因论则考察原因的主

---

① 徐涤宇:《原因理论研究》,中国政法大学出版社 2005 年版,第 73 页。

② James Gordley, *The Philosophical Origins of Modern Contract Doctrine* (Oxford:Clarendon Press,2011),p.49.

③ [美]哈罗德·伯尔曼:《法律与革命》,贺卫方等译,中国大百科全书出版社 1993 年版,第 298 页。

④ 陈融:《探寻契约效力的哲理源泉》,《华东师范大学学报》2011 年第 1 期,第 66 页。

⑤ 原《法国民法典》第 1108 条:下列四项条件为契约有效的主要条件:承担义务的当事人同意;上述当事人的缔约能力;构成义务客体的确定标的;债的合法原因。第 1131 条:无原因的债,基于错误原因或不法原因的债,不发生任何效力。第 1133 条:如原因为法律所禁止,或者原因违反善良风俗或公共秩序时,此种原因为不法愿意。

⑥ "近前目的因"源自于亚里士多德关于事物本质的形而上学理论,个别事物趋向于运动的方式就是它的"目的因"(Final Cause)或"目的";传统原因理论在此基础上将当事人进行交易的目的区分为"直接目的(近因)"与"最终目的(远因)",前者是欲通过契约取得的利益或物,后者则是直接目的的目标。具体详见李永军:《论私法合同中意志的物化性——一个被我国立法、学理与司法忽视的决定合同生效的因素》,《政法论坛》2003 年第 5 期,第 123 页。

⑦ 徐涤宇:《原因理论研究》,中国政法大学出版社 2005 年版,第 110 页。

观性,并将原因纳入当事人订立合同的"动机"范畴①。客观原因的缺失被法国法院用作撤销缺乏互惠(Reciprocity)的合同的理由。其理由是,所有合同都必须有一个目的、一个理由才能有效。主观原因与缔约双方订立合同的主观原因有关。每个合同都有所不同:双方签订合同有多种原因。为了使合同有效,主观原因必须合法。如果一方或双方当事人以非法或违反公共道德的理由订立合同,则合同可以被撤销。② 2016 年生效的法国新债法对合同有效性进行了修正,删除了关于"债的合法原因"的合同效力要件。有学者认为,原因理论历经"客观原因论"到"主观原因论"的变化逐渐趋于没落直至衰亡,是主观意思理论对客观原因理论的扬弃。在主观原因理论下,是否对等或平等主要不是看有无价值相等的等值物,而是主要看当事人的主观意思认同与否,即使当事人之间没有真正的价值交换,只要当事人愿意,合同仍然是有拘束力和有效的。从理论上看,是当事人的意思和意思表示成功地取代"公平"思想而成为合同之债的根据。③

　　本书认为,"客观原因论"并未被意志理论主导的"主观原因论"取代,主要基于两点理由:第一,法国新债法虽然删除了"债的合法原因"的合同效力要件,但并不意味着法国不再承认原因理论。一方面,尽管"原因"作为一项正式的要求已经不复存在,但它已经被更清晰、更明确的规则所取代,这些规则将允许法院达成类似的解决结果。先前对"主观原因"的要求在很大程度上在新《法国民法典》第 1162 条④重现,及合同条款或目的不得违背公共秩序。"客观原因"的精神可以在第 1169⑤ 条找到。另一方面,"原因"理论是"法国民法典的象征",相比于技术功能,其更具意识形态性。这也是缘何法国学者认为"原因"要件虽然被排除于合同效力要件之外,但这一革命并非是一场严格意义上的革命,因为这种改变更多的可能是形式上而非实质上的,在实践中几乎

---

① 李永军:《论债因在合同法中的作用》,《当代法学》2018 年第 2 期,第 87 页。

② Solene Rowan, "The New French Law of Contract", 66 *International and Comparative Law Quarterly* (2017) 805: p. 816.

③ 刘承韪:《英美法对价原则研究:解读英美合同法王国中的"理论与规则之王"》,法律出版社 2006 年版,第 300-301 页。

④ 《法国民法典》第 1162 条:合同的条款及其目的均不得违背公共秩序,无论后者是否为各方当事人所知悉。

⑤ 《法国民法典》第 1169 条:有偿合同成立时,若债务人的对待给付是虚假的或微不足道的,则该有偿合同无效。

没有差别。① 第二,并非继受罗马法的大陆法系国家都采纳了"主观原因论"。李永军教授在《论债因在合同法中的作用》一文中,就德国与我国合同法采用了传统的"客观原因论"的观点进行了详细论证,他认为,德国法上原因的有无会影响负担行为与处分行为的法律效力。具体体现为,在抽象的法律行为中,给予的法律原因不属于法律行为的组成部分,而有因法律行为中,给予的法律原因属于行为内容。我国合同法在契约生效方面采纳的也是客观原因论,基于《最高人民法院关于适用〈中华人民共和国合同法〉若干问题的解释(二)》第 1 条第 1 款②的规定预示着其"债因"因"标的"确定而确定。③《德国民法典》虽然并未在合同成立要件中规定"合法原因",但德国民法对于负担法律行为(要因)和处分法律行为(不要因)的区分,恰恰证明了原因理论贯穿于德国的法律行为制度之中。原因的概念支撑着每一个具有财产性后果的法律行为,每一个涉及给予的意思表示后面一定能够找到一个原因。④ 因此,"客观原因论"在大陆法系国家的法律体系中并未消解,而是内化为合同效力判定的评价与筛选机制,在决定允诺是否可执行性领域,仍旧发挥重要作用。

事实上,"客观原因论"为先期允诺法律约束力提供正当性基础。客观原因是合同的抽象目标,每一类合同的客观原因都是相同的。亚里士多德关于事物本质的形而上学的观念与托马斯·阿奎那的目的论是为客观原因理论的哲理源泉。根据亚里士多德关于事物本质的形而上学理论,这个世界由技术上指向"物质"(Substance)的"个别"(Individual)事物构成,这些事物趋向于以确定的方式运动。如果某物没有以某种确定方式运动的趋向,则其不构成个别事物。个别事物趋向于运动的方式就是它的"目的因"(Final Cause)或"目的";对决定其如何运动起作用的内在之物被称为"本质"(Nature);某一事物成为某物必须具有某种本质的特点被认为是它的"实质形式"(Substantial Form),"实质形式"也被人们视为是事物的"本质"(Essence)。⑤ 一个事物要

① See Solene Rowan, "The New French Law of Contract", 66 *International and Comparative Law Quarterly* (2017) 805: p.817.

② 《最高人民法院关于适用〈中华人民共和国合同法〉若干问题的解释(二)》第 1 条第 1 款规定:"当事人对合同是否成立存在争议,人民法院能够确定当事人名称或者姓名、标的和数量的,一般应当认定合同成立。但法律另有规定或者当事人另有约定的除外。"

③ 参见李永军:《论债因在合同法中的作用》,《当代法学》2018 年第 2 期,第 87-95 页。

④ 参见徐涤宇:《原因理论理论研究》,中国政法大学出版社 2005 年版,第 196 页。

⑤ See James Gordley, *The Philosophical Origins of Modern Contract Doctrine* (Oxford: Clarendon Press), p.17.

成为单独的事物,就必须具有单独的实质形式和单独的目的,事物中单独的实质形式或单独的目的构成了该事物独特的定义以及区别于其他事物的具体差异,而这种具体差异表明了该类事物被认识的方式。托马斯·阿奎那承袭了亚里士多德的学说,适用亚里士多德关于事物本质的形而上学理论解释了自然中的秩序和目的性,并且在阐述信守允诺的道德性基础上,解释了信守允诺的条件,即规范守诺行为的"自然法"。托马斯认为,所有的允诺根据"自然法"都是有约束力的,罗马法之所以不执行所有的允诺,是因为一项允诺需要其他条件的配合才能受到市民法义务的约束。① 托马斯并未确定这些条件究竟是什么,但他提出,一项允诺具有约束力的条件产生于它的目的,即每一交易根据其所追求的目的及其所属类型的不同会存在一组与其定义相关的义务,这些义务要么包括在对其界定的概念中,要么服务于被确定的目的。② 因此,具体交易的定义可以导向合同中的义务,这些义务或者是包括在用于构造这个定义的概念之中,或者说实现该交易被定义的目的的手段。③ 当事人的义务并非简单地取决于当事人的内在意思或外在表示,而应该基于交易的实质,并由它的目的来界定基本概念。因此,"目的-实质(定义)-义务"推理方式,为判断先期允诺法律约束力提供了评价标准,即一项先期允诺如果构成合同的近前目的因,即构成合同所反映出的客观关系——"债因",那么该允诺理应获得法律约束力,由该允诺产生的要求相对方履行义务或赔偿损失即具有正当性依据。

二、英美法系的约因理论

约因原则起源于清偿债务之诉(Debt)④,成熟于违诺赔偿之诉(Assumpsit)构成约因的要素主要是获利(利益)和损害,其中最为重要的允诺人的利益要素是从清偿债务之诉中的"相等补偿"("Quid Pro Quo")原则而来。根据该原则,在非盖印的合同交易中,如果债务人从债权人那里实际接受

---

① See Thomas Aquinas, *Summa theologica*, p.88.

② See James Gordley, *The Philosophical Origins of Modern Contract Doctrine*(Oxford:Clarendon Press),p.15.

③ See James Gordley, *The Philosophical Origins of Modern Contract Doctrine*(Oxford:Clarendon Press),p.94.

④ 霍姆斯对于对价起源于清偿债务之诉的判断部分反映在对债务诉讼三个阶段的总结之中:收回应得金钱—给受诺人的利益或好处—对受诺人的损害。详见[美]小奥利弗·温德尔·霍姆斯:《普通法》,冉昊译,中国政法大学出版社2006年版,第222-223页。

了某种实际利益或相等补偿,那么该债务人就有偿付该债务的义务,即该债务具有拘束力。相等补偿原则是债务合同能否具有法律拘束力而强制执行的决定性标准。① 随后,允诺人的利益要素经由一般违诺赔偿(General assumpsit)之诉的扩张而发展。约因中的损害要素是从特别违诺之诉(Special assumpsit)的信赖中发展而来。② 据此,违诺赔偿之诉阶段实现了约因原则的技术化、规范化和制度化。

约因原则的发展历经了两个阶段:第一阶段,获益受损理论。1875 年理财法院(Exchange Chamber)做出了迄今为止仍然频受引用的关于约因的经典描述(定义):"所谓法律意义上的有价值的约因,包括一方所增加的某种权利(Right)、利益(Interest)、获利(Profit)或好处(Benefit),或者是他方所给予、遭受或承担(Given, Suffered or Undertaken)的某种容忍(Forbearance)、损害(Detriment)、损失(Loss)或责任(Responsibility)。③ 其中,权利、利益、获利和好处可归结为利益(或获利),容忍、损害、损失和责任可归结为损害(或受损),从而形成提纲挈领的"获利受损"(Benefit and Detriment)的约因理论。Eastwood V. Kenyon 案确立了获益受损公式。其大致内容是:一方面,如果要约人从交易中获得利益,那么这种获益就是其做出允诺的充分的约因;另一方面,如果承诺人因立约而受损,那么这种损失也是其做出允诺的充分约因。简言之,获益或受损均为允诺的约因。④ 英国合同法学者特来特尔(Treitel)将传统的获益受损理论表述如下:传统约因理论主要关注对某种有价值之物的给予,或者是允诺人因允诺而得到了某种利益,或者是受诺人为取得允诺而蒙受了某种损害。⑤ 第二阶段,交易约因理论。获益受损理论的局限性在于获益与损害的严格界限,故此,无论允诺人遭受多大损害,都无法因此必然提供一个约因。据此,霍姆斯提出了交易约因理论,强调"允诺与约因之间的互惠诱因关系"为契约的根本。⑥ 霍姆斯认为,根据英国传统的获益受损理论,由受诺人给予允

---

① 刘承韪:《英美法对价原则研究:解读英美合同法王国中的"理论与规则之王"》,法律出版社 2006 年版,第 90 页。

② E. Allan Farnsworth, *Contracts*(New York: Aspen Law & Business,1999),p.19.

③ Currie V. Misa (1875) LR 10 Ex 153.

④ (1840) 11 Ad. & E. 438, 113 E.R. 482 (Q.B).

⑤ See G. H. Treitel, *The Law of Contract*(London: Sweet & Maxwell, 2003),p.64.

⑥ [美]格兰特·吉尔莫:《契约的死亡》,曹士兵等译,中国法制出版社 2005 年版,第 25 页。

诺人的任何好处(benefit),或受诺人遭受的任何损害(detriment),都可以构成约因。① 约因的本质在于它是作为允诺的动机(Motive)或诱因(Inducement)而被提出和接受的;反言之,该允诺也必须作为提供该约因的约定性动机或诱因而被做出和接受。亦即,对价和允诺之间必须是互惠的(Reciprocal)、约定的(Conventional)、互为彼此的(Inducement)诱因。② 霍姆斯同威利斯顿采纳了获益受损理论,并进行了改进和修正,成就了美国的交易约因理论,具体体现为《合同法重述》第 75 条;《合同法重述》(第二次)第 71 条。

约因理论对于证成先期允诺法律约束力的理论意义在于,约因理论赋予非正式的允诺或协议的法律约束力及可执行力的一般性标准,给予先期允诺超越书面文本进入合同内容提供正当性依据。正如富勒所言"对违反允诺的救济不应以法律形式的功能,而应以我们追求的实质目标作为这些实质结果的评判标准"。③ 约因的根本目的是决定哪些允诺能够进入法律领域并获得强制力。无论是"获益受损理论"对于基于允诺产生的损益充分性的要求,抑或是"交易约因论"对于允诺人对受诺人行为诱导性的强调,都体现了允诺本身并非基于形式要件而具有法律约束力,允诺本身基于其所负载的物质性因素而具有法律约束力。

三、英美法系的允诺禁反言理论

允诺禁反言理论是英美法系决定合同执行力的另一根据。丹宁勋爵将允诺禁反言定义为:当一个人以其言语或行为使得他人相信他会进行某种行为,从而使得他人基于此种确信而进行了其他的行为,如果允许该允诺就其言语或行为反悔将是不公平、不对等的,则应当禁止该允诺人的反悔行为。④ 根据

---

① [美]小奥利弗·温德尔·霍姆斯:《普通法》,冉昊译,中国政法大学出版社 2006 年版,第 256 页。

② [美]小奥利弗·温德尔·霍姆斯:《普通法》,冉昊译,中国政法大学出版社 2006 年版,第 259 页。

③ See Lon L. Fuller, "Consideration and Form", 41 *Columbia Law Review* (1941) 799: p.806-814.

④ Lord Alfred Denning, *The Discipline of Law* (Oxford: Oxford University Press, 2005), p.223.

《合同法重述》(第二次)第 90 条(1)①,构成允诺禁反言应当满足以下条件:(1)允诺人应当合理的预见其允诺将导致受诺人的信赖并做出该允诺;(2)受诺人确实信赖该允诺而为特定行为;(3)受诺人因信赖而遭受损失;(4)只有强制执行允诺方可避免不公平;(5)有证据证明允诺人确实做出允诺及允诺的内容。②

　　从无偿允诺案件中合同执行力依据的"约因的分支"到合同具有独立执行力基础的"约因的替代",允诺禁反言制度在合同拘束力领域的扩张显示出信赖原则扩张进程中的巨大势头。Ricketts V. Scothorn 案③确立了无偿赠与案件中允诺禁反言的适用效力。《合同法重述》(第一次)第 90 条对信赖作为合同执行力的独立地位给予了形式上的承认,但对其施加了具体限制,即该条不适用于涉及"商业"(对待给付)的案件。法院在首先适用该理论原则的无偿允诺案件中体现了这种限制。James Baird Co. V. Gimbel Brothers 案④中法官的结论是,允诺禁反言不适用于考虑对待给付的允诺或要约;只有当受允诺人将对待给付作为对价时,这种允诺才具有可执行性。他认为,在这种情况下,允诺禁反言不适用,因为它只适用于纯粹的"赠与"承诺,而允诺人从未预料到会收到任何对价交换。关于合理信赖能否成为同约因并列的合同执行力根据,美国合同法界曾存在争论。其中,霍姆斯和兰代尔主张约因一元论,否认信赖保护;而威利斯顿提出约因三元论,主张信赖保护,但认为合理信赖是约因之外使合同具有执行力的独立基础;科宾在威利斯顿约因三元论的基础上,主张信赖是约因的基础。⑤

　　随着时间的推移,允诺禁反言的使用扩展到各种商业和非商业案件,并用

---

　　①　《合同法重述》(第二次)第 90 条 (1)允诺人应当合理地预见到其允诺会导致受诺人或第三人为一定行为或不为一定行为,并确实招致了此种作为或未作为;只有强制执行该允诺,不公平才得以避免,则该允诺具有强制力。因违反允诺而给予的救济应限制在正当范围内。

　　②　参见马新彦:《现代私法上的信赖法则》,社会科学文献出版社 2010 年版,第 273-295 页。

　　③　57 Neb. 51, 77 N. W. 365 (1898).

　　④　64 F.2d 344 (2d Cir. 1933).

　　⑤　See Kevin M. Teeven, " Origins of Promissory Estopple: Justifiable Reliance and Commercial Uncertainty Before Williston's Restatement", 34 *University of Memphis Law Review* (2004) 499: p.511.其中约因三元论是指,约因仍然是合同具有执行力的重要标准和基础,但并不以对待给付为限,而是具有三种不同的、可以选择的基础,即对待给付、合理信赖和道义责任。

来补救有缺陷的同意以及约因的缺乏。① 《合同法重述》(第二次)第 90 条及日后判例的发展使信赖法则作为执行力的根据对要约及许诺在更广泛的领域内具有强制力,凡约因可以触及的领域,信赖法则均可以作为约因的替代物而成为要约或允诺具有强制力的原则性根据,允诺禁反言扩大到赠与案件外作为"对价的替代"。② 一方面,删除了对信赖的"明确和实质性"要求,为信赖原则在司法领域的广泛适用消除了重要障碍。另一方面,第 90 条的语言既没有明示也没有默示地禁止该原则在交易中的适用。此外,或许是最重要的是,同捐赠承诺背景下的信赖一样,不公正是可预见的。这些因素,以及信赖原则固有的扩张主义性质,结合在一起,使得允诺禁反言在谈判中的最终延伸成为定局。

此外,允诺禁反言原则在合同法领域的扩张体现为,从作为允诺赠与案件中的"对价替代"发展到有可能吞噬合同法大部分内容的一种力量。③ 允诺禁反言作为保护口头证据规则禁止的外部证据的允诺的重大信赖,具有合理性。一方面,《合同法重述》(第二次)第 139 条对法院允许执行未构成欺诈的口头允诺的规定,为允诺禁反言侵入口头证据规则提供了法律基础。另一方面,口头证据规则本身的实施所呈现的普遍自由化趋势与法院在口头证据规则案件中适用允诺禁反言以获得公正结果,都体现出允诺禁反言的扩张趋势。

允诺禁反言对于先期允诺法律约束力的正当性证成体现为以下三个层面:

第一,允诺禁反言将合同内责任扩张至合同外责任。一般来说,不管合同各方当事人的意思如何,谈判的开始便产生一种信赖的法律关系,即每一方当事人都可以希望另一方当事人以一种合理的方式考虑他的利益。④ 虽然学界对先合同责任的理论基础尚存争议,⑤但先合同责任的意旨在于保护受诺人的信赖利益,已成共识。信赖原则将传统的合同成立的责任形态扩张到合同订立前、合同成立以及合同履行的全阶段中,为先合同领域中道德上应受指责的

---

① Jay M. Feinman, "Promissory Estoppel and Judicial Method", 97 *Harvard Law Review* (1984) 678: p.680.

② 马新彦:《现代私法上的信赖法则》,社会科学文献出版社 2010 年版,第 100 页。

③ Michael B. Metzger, "The Parol Evidence Rule: Promissory Estoppel's Next Conquest", 36 *Vanderbilt Law Review* (1983) 1383: p.1383.

④ [德]海因·克茨:《欧洲合同法(上卷)》,周忠海等译,法律出版社 2001 年版,第 12 页。

⑤ 即先合同责任的基础是基于信赖保护原则抑或是诚实信用原则。

谈判行为和法律上应受谴责的谈判行为之间划定了一个连贯的分界线,使非源于合同本身的道德义务实现了从道德正义到法律正义的过渡。

第二,允诺禁反言赋予非正式允诺以强制执行力。允诺禁反言具有法律行为效力的矫正功能,体现为使当事人的非要式行为发生要式行为的法律效力。具体而言,如果一方当事人对不具备形式要件的法律行为产生信赖,并有信赖损害的发生,非要式行为发生要式行为的法律效力——法律行为成立或具有法律上的强制执行效力。① 在依常态法或正统法当事人所实施的法律行为不应具有法律效力的场合,信赖给予了先期允诺法律约束力以正当性理由。具体而言,信赖利益通常是既存利益,但不乏在个案中有未来利益的属性。② 既存利益损失,即当事人实际信赖行为时,已然发生的损害,可通过课以信赖利益损害赔偿或期待利益损害赔偿予以填补。而未来利益损失,则需要赋予本无法律约束力的允诺以法律上的强制力,通过给予当事人获得期待利益的机会,预防信赖利益损失。③ 因此,信赖利益中对未来利益的保护意旨赋予了允诺强制执行力以正当性。

第三,允诺禁反言的核心在于保护当事人的合理期待。保护合理期待是合同关系的核心,也是合同法的终极价值追求。用科宾教授的话说,"合同法的主要目的是执行和保护当事人的合理预期。"④与此同时,阿蒂亚教授认为,合同法的目的包括"便利私人计划,支持市场运作,履行允诺,保护合理预期"。⑤ 亚当·斯密(Adam Smith)认为:合同的基础是合理的期待,这一期待是由一方当事人向束缚自己的对方当事人提出的;这一期待的利益可能被武力强行取得。⑥ 哈耶克也强调,法律旨在防阻一个人对另一个人所施以的损害,并不是所有的损害,而只是致使法律规定为合法的预期落空的损害。⑦ 合同法对于当事人之间预期和信赖的保护,是判断合同是否成立、合同内容如何确定、合同如何治理以及合同如何救济的根本视角。⑧ 合同法首先应当保障的是

① 马新彦:《现代私法上的信赖法则》,社会科学文献出版社 2010 年版,第 295 页。
② 马新彦:《信赖与信赖利益考》,《法律科学》2000 年第 3 期,第 78 页。
③ 参见马新彦:《信赖与信赖利益考》,《法律科学》2000 年第 3 期,第 78 页。
④ See Arthur L. Corbin, *Corbin on Contracts* (Eagan: West Publishing Company, 1960), p.5.
⑤ 参见 P.S.阿蒂亚:《合同法导论》,赵旭东等译,法律出版社 2002 年版,第 34 页。
⑥ 乔治·凯南:《关于正义、政策、税收与武器的演讲集》,1986 年,第 7 页。
⑦ [德]弗里德利希·冯·哈耶克:《法律、立法与自由》(第一卷),中国大百科全书出版社 2000 年版,第 163 页。
⑧ 参见孙良国:《合同法中预期与信赖保护研究》,法律出版社 2016 年版,引言第 12 页。

双方当事人的实际预期,而合同文本以及文本外的双方当事人的做法都是当事人实际预期的体现和表征,如果当事人能够证明合同文本外的行为是当事人的实际预期,则应当将其视为是双方当事人之间的合同内容。① 如果合同文本能够全面、准确地固定当事方的合意,则可以认为合同文本指向合理预期。如果合同文本并未完全承载当事方的合意或同当事方的合意完全相悖,则该合同文本相对于当事方的合理预期而言并不一定具有优位性。此时,合同文本只是合理预期的固定方式之一,而另一种极为重要的固定方式即为"合理信赖"。如果一方当事人对合同文本外的允诺或行为产生了合理信赖,则该合理信赖即在合同文本外固定了当事方的合理预期。该信赖应当是当事人的允诺或行为所能够确定性地对他方当事人产生的合理信赖。② 否则,将挫败诚实人的合理期待。

整体而言,大陆法系崇尚概念、逻辑和理性,英美法系崇尚实用主义③,两大法系价值观念基调的不同决定了在合同法律约束力基础认定层面上存在模式选择的差异,这种差异体现了不同法系对于合同法秩序的不同选择。但这种差异并非恒定而不可逾越的,事实上,两大法系在合同法律约束力基础认定层面存在机理上的"家族相似性",这种相似性为先期允诺法律约束力证成提供了正当性依据。

首先,决定允诺法律约束力正当性的是允诺的内容,而非允诺的做出方式。这一共通性体现在两个层面:第一,原因理论与约因理论均产生于对形式主义的对抗。原因理论的产生是基于对罗马法时期形式主义和类型强制主义契约限制的对抗,通过"原因"以为简约"穿衣",使此类传统意义上效力不被罗马法认可的协议获得同无名契约相同的法律效力。约因理论的产生是源于对英国固有令状制度的反抗,为未具备法定书面形式和盖印形式的非正式合同提供同正式合同同等的诉讼机会和救济途径。第二,非正式允诺或协议并非完全不可执行是两大法系的共同信仰。单纯的非正式允诺不具有法律约束力,除非它伴随有法院使其产生法律约束力的因素。④ 根据原因理论⑤,一项

---

① 参见孙良国:《合同法中预期与信赖保护研究》,法律出版社 2016 年版,第 39-40 页。

② 孙良国:《合同法中预期与信赖保护研究》,法律出版社 2016 年版,第 61 页。

③ See P. S. Atiyah, *Pragmatism and Theory in English Law* (London: Stevens & Sons Ltd, 1987), p.6.

④ 陈融:《解读约因:英美合同之效力基石》,法律出版社 2011 年版,导论第 13 页。

⑤ 此处主要指客观原因理论。

允诺如果符合合同的近前目的因,即构成合同所反映出的客观关系,那么该允诺理应获得执行力,由该允诺产生的要求相对方履行义务或赔偿损失即具有正当性依据。根据约因原则,磋商过程中做出的允诺,如果存在对待允诺或对待给付,则该允诺可以被执行;而根据信赖原则,磋商过程中做出的允诺,存在对允诺的信赖,该允诺即可被执行。因此,无论是大陆法系还是英美法系,决定允诺效力正当性或者说决定合同边界的从来都不是书面形式,而是允诺的内容。形式是谨慎允诺的标准,而不是允诺人意图授予受诺人权利的标志。[1]因此,应当遵守的,是具有合同约束力因素的允诺,而不仅仅是被视为象征性元素的言辞。

其次,当事人的意志并非允诺约束力的唯一来源,允诺本身负载的物质性因素在其约束力层面具有决定力。换言之,决定允诺约束力正当性的,不仅是单纯的意志,而应当是被"物化"的意志。[2]允诺负载的物质性因素逐渐超越意志在合同约束力领域的决定性作用。合同本质乃合意的理念是大陆法系契约法的基石,大陆法系国家认为合同的本质在于当事人之间的合意,只有存在合意,合同才能对双方产生法律约束力。[3]19世纪末以来,随着意思决定论的哲学基础——先验哲学受到质疑;意思决定论的自由主义合同观念,由于工业社会集体交易的出现、各种社会力量的崛起以及意识形态和社会制度的多元化等因素的发展而面临严峻挑战[4];以及大陆法系原因理论旺盛的生命力,共同展示出意志决定论的贫困。[5]当事人的意思不再是促成合同产生法律约束力的唯一的、无条件的因素。英美法上的约因理论、信赖理论也显示出契约法理从主观性的意思到客观性理论的转变,两大法系对合同约束力因素的论证共同证成了一个观点:合同效力的正当性来源并非是当事人的意志,亦即,合

---

① James Gordley, *The Philosophical Origins of Modern Contract Doctrine*(Oxford: Clarendon Press, 2011), p.75。

② 参见李永军:《契约效力的根源及其正当化说明理论》,《比较法研究》1998年第3期,第225页。

③ 郭翔峰:《合同拘束力的判断标准——以"法内""法外"之间的允诺为分析对象》,《中南大学学报》2010年第3期,第57页。

④ 参见徐涤宇:《合同效力正当性的解释模式及其重建》,《法商研究》2005年第3期,第43页。

⑤ 本书认同徐涤宇教授的观点,即意思自治原则绝对支配地位的下降并不意味着其衰落,"意志决定论"对于自由主义合同之效力根源的解释力依然有效。因此,我们至多只能宣告"意志决定论"的贫困,而非"意志决定论"之解释力的失效。徐涤宇:《合同效力正当性的解释模式及其重建》,《法商研究》2005年第3期,第48页。

同并非基于当事人意思表示的一致而获得强制执行力,而是因为存在"决定合同约束力的因素"。① 较之于意思决定论的贫困,物质性因素显示出强大而旺盛的生命力。

最后,交换正义是决定允诺约束力的基本依据,合同的达成不仅是当事人意志的表达,而且是对正义的践行。两大法系对合同约束力基础的论证体现出:决定合同约束力的不仅仅是一种"物化的意志",而且是一种被"德性"引导的意志,而此处引导意志的"德性",即为交换正义。亚里士多德关于交换正义的理论为大陆法系及英美法系合同约束力的来源提供了统一的哲学基础。原因理论源自于亚里士多德关于德性的论证。作为契约订立的原因,当事人或是要使对方纯获利益以体现慷慨,或是要用自己的行为交换对等的价值以实现交换正义。② 原因理论的实质是将道德意志附加在当事人的意志之上,从伦理上为合同效力正当性证成。③ 虽然英美法上就约因是否在思想上发源于亚里士多德的交换正义观念尚存争议,④但约因理论与允诺禁反言理论体现出英美法系对于社会交易公正和正义价值的追求则毋庸置疑。获益受损理论要求约因的充分性与相互性,体现了亚里士多德交换正义的思想与实质正义的观念;美国著名合同法学者埃森博格教授认为,法院之所以认可交易约因理论就是为了达到这样的目的:细察交换之公正,即利用交易理论来达致正义之目的。⑤ 而允诺禁反言制度则是从崇尚契约自由、意思自治的古典法到追求契约道德、契约正义的现代法过渡的里程碑。⑥

---

① 参见李永军:《论债因在合同法中的作用》,《当代法学》2018 年第 2 期,第 94 页。

② 刘承韪:《英美法对价原则研究:解读英美合同法王国中的"理论与规则之王"》,法律出版社 2006 年版,导论第 17 页。

③ 徐涤宇:《合同效力正当性的解释模式及其重建》,《法商研究》2005 年第 3 期,第 45 页、49 页。

④ 有学者认为,英美法关于合同形成的大多数原则(包括现代意义上的对价)都是在 19 世纪和 20 世纪初才得以发展而来,而此时的亚里士多德的哲学已经几乎全被遗忘。See James Gordley, "Enforcing promises", 83 *California Law Review* (1995)547: p.559.

⑤ Melvin A. Eisenberg, "The Principles of Consideration", 67 *Cornell Law Review* (1982) 640;Melvin A. Eisenberg,"The Responsive Model of Contract Law", 36 *Stanford Law Review* (1984) 1112-1117.转引自刘承韪:《英美法对价原则研究:解读英美合同法王国中的"理论与规则之王"》,法律出版社 2006 年版,第 170-171 页。

⑥ 马新彦:《现代私法上的信赖法则》,社会科学文献出版社 2010 年版,引言第 1 页。

正如博登海默所言,"正义有着一张普罗透斯似的面"①,不同时期的思想家和法学家亦赋予交换正义不尽一致的内涵。中世纪的评论法学派在亚里士多德与阿奎那的交换正义理论基础上,进一步强化了自由价值,强调"同意"是允诺具有法律约束力的基础。古典契约正义理论则直接将自由等同于公正,提出"契约自由本身意味着正义或公正,自由意志将导向公正"②。但鉴于古典契约正义理论的"主体平等"与"完全自由市场"的基础假定逐渐弊端凸显,现代契约正义理论摒弃了契约自由所体现的"形式正义",转而寻求以"交换正义"为基础的实质正义。因此,亚里士多德的交换正义理论并未因理论更迭而隐退,而是在现代契约理论中保持了旺盛的生命力。

从合同效力角度追求实质正义,是现代合同法的重要特征之一。③ 现代合同法学者就合同正义应当以给付与对待给付的等值性为标准,业已达成共识,④并在此基础上区分客观等值原则与主观等值原则。客观等值原则以客观的市场标准或理性人标准来判断当事人之间的给付与对待给付是否等值;主观等值原则以当事人的主观意愿来判断,纵使市场标准或理性人标准衡量并非等值,但只要当事人具有真实的合意,在主观上愿意以自己的给付换取对方的给付,那么对双方而言就是公正的。⑤ 由于给付与对待给付客观等值性欠缺明确的判断标准,通常而言采用主观等值原则,即当事人主观上愿以此给付换

---

① [美]博登海默:《法理学:法律哲学与法律方法》,邓正来译,中国政法大学出版社 2017 年版,第 266 页。

② 胡启忠:《契约正义论》,法律出版社 2007 年版,第 173 页。

③ 韩世远:《合同法》,法律出版社 2011 年版,第 30 页。

④ 王泽鉴认为,契约正义应属平均正义,以双务契约为其主要适用对象,强调一方给付与他方对待给付之间的等值性。王泽鉴:《民法学说与判例研究》,北京大学出版社 2015 年版,第 153 页。崔建远认为,合同正义系属平均正义,对任何人都同样看待,双方所得与所失应是对等的,而不考虑其身份与地位如何。它主要作用于人们之间的交换关系,又称交换正义,在双务合同场合,它强调一方给付与对方给付之间的等值性,合同上的负担和风险的合理分配。崔建远:《合同法》,北京大学出版社 2012 年版,第 17 页。李永军认为,人们期待通过正当的程序将利益和损失在当事人之间进行合理分配,人们对法律的最大期待,就是其内涵的正义所在。这种法律的正义观,体现在契约法中,就是契约正义。李永军:《合同法》,法律出版社 2004 年版,第 53 页。王利明认为,契约正义是指契约法应当保障契约当事人在平等资源的基础上缔约和履约,并保障契约的内容体现公平、诚实信用的要求。王利明:《民商法研究》(第三辑),法律出版社 1999 年版,第 386 页。

⑤ 崔建远、戴孟勇:《合同自由与法治(上)》,载高鸿钧等:《法治:理念与制度》,中国政法大学出版社 2002 年版,第 312 页。

取对待给付,即为足矣,客观上是否相当,在所不问。① 但在例外情况下法律会予以干预,例如,当事人的自由意志受到他人侵害,致使意思表示不真实,或当事人挟其经济上的优势地位,以定型化契约条款排除法律的任意规定,或订其他条款,作契约上负担或危险的不合理分配,此使合同正义遵循实质正义标准,追求客观意义上的等值性。②

交换正义理论作为合同具有历史约束力的根本原因,能够为现代合同法强调公平交易提供理论依据。根据现代合同法的正义理论,决定合同自由与合同正义之间张力程度的是当事人是否具有真正的合意,换言之,只有当合同是基于双方当事人真正合意的情况下,合同自由方且值得被保护,主观等值性标准应当被遵守。而先期允诺约束力出现认定分歧的场景,往往是受诺方信赖允诺而订立合同,后允诺方企图不履行该允诺;或允诺方利用其经济上的优势地位,以格式合同中的免责条款或完整条款排除其先期允诺责任。无论哪种情形,都应当遵循客观等值性的实质正义观念,要求允诺与对应允诺或对应履行之间的对等和均衡。

第三节　先期允诺法律约束力的价值基础

一、先期允诺法律约束力的诚信价值

诚信原则起源于罗马法中的善意(Bona Fides)。罗马法中的诚信是一种有法律约束力的规范性要素,是法律效力的根据和标尺。③ 诚信原则被用来为由未受法律调整的交易行为产生的诉讼说明理由,如买卖、使用租赁、合伙、委任等行为,诚信的功能在于确定由这些法律关系产生的个别义务的标准。④ 根据这一原则,罗马法官在合同平衡被扰乱时能够进行及时干预,将合同义务强

---

① 参见王泽鉴:《民法学说与判例研究》,北京大学出版社 2015 年版,第 153 页。

② 参见王泽鉴:《民法学说与判例研究》,北京大学出版社 2015 年版,第 154 页;崔建远、戴孟勇:《合同自由与法治(上)》;载高鸿钧等:《法治:理念与制度》,中国政法大学出版社 2002 年版,第 313 页。

③ 参见[德]朱塞佩·格罗素:《罗马法史》,黄风译,中国政法大学出版社 1998 年版,第 248、252 页。

④ [德]迪特尔·梅迪库斯:《德国债法总论》,杜景林、卢堪译,法律出版社 2004 年版,第 118 页。

加给缔约方以达致合同平衡状态。德国法上的诚信原则主要体现在《德国民法典》第 242 条①、第 157 条②,虽然第 242 条仅规定了债务人给付行为的诚信要求,第 157 条只涉及合同解释,但通说认为诚信原则已经成为适用于所有法律关系的统领债法的一般性原则。③ 德国法上的诚信原则概念主要表达的是处于法律关系中的当事人之间应相互给予可合理期待的照顾。④ 美国法上的诚信原则主要体现在《统一商法典》第 1-201(19)条⑤、第 2-103(b)条⑥。美国立法机构对诚信原则的定义是:"忠诚于商定的共同目标,并与另一方的合理期待保持一致。"⑦范斯沃斯教授将诚信义务认定为合同的默示条款,当事人应当在合同履行中给予合作以确保另一方当事人基于合同而产生的合理期待不受剥夺。⑧ 英国立法机关否认诚实信用原则在合同中的绝对适用,但在《不公平合同条款法》、1979 年《货物买卖法》中接纳了诚信义务⑨。《法国民法典》1134 条第 3 款规定:"合同必须善意履行。"新法典将诚实信用原则的适用扩展到合同前的谈判和订立阶段,规定"先合同磋商得以自由地提起、进行和终止,但必须满足善意原则的要求"。⑩

诚信是各个文明都加以珍视的基本价值,但对中华民族而言,意义重大。

---

① 《德国民法典》第 242 条:债务人有义务依诚实信用的要求,同时照顾交易习惯,履行给付。

② 《德国民法典》第 157 条:解释合同,应当符合诚信原则的要求,并且应当考虑交易习惯。

③ 参见[德]迪特尔·梅迪库斯:《德国债法总论》,杜景林、卢堪译,法律出版社 2004 年版,第 119-120 页。

④ 陈永强:《民法学说与比较民法》,法律出版社 2017 年版,第 9 页。

⑤ U.C.C. § 1-201(19):诚信是指有关的行为或交易中的事实上的诚实。

⑥ U.C.C. § 2-103(b):商人的诚信是指导实上的诚实和对公平交易的合理商业准则的遵守。

⑦ See Jay M. Feinman, "Good Faith and Reasonable Expectations", 67 *Arkansas Law Review* (2014) 525: p.527.

⑧ See E. Allan. Farnsworth, "Good faith Performance and Commercial Reasonableness under the Uniform Commercial Code", 30 *University of Chicago Law Review* (1963) 666: p.669.

⑨ 1994 年,英国立法机关通过了关于《消费者合同条例》中不公平条款的第 3159/1994 号法案,并经第 2083/1999 号法案修订,该法案执行了欧共体指令 93/13/EEC 第 24 条(5/1),在英国立法机关认为"未经个别协商的合同条款,违反诚实信用的要求,致使当事人在合同项下的权利义务发生重大不平衡,损害消费者利益的,视为不公平"。

⑩ 《法国民法典》第 1112 条:先合同磋商得以自由地提起、进行和终止,但必须满足善意原则的要求。磋商过错中犯有过错的,其损害赔偿不得以由于未达成协议而落空的期待利益为补偿对象。

首先,诚信是中华民族安身立命的价值支撑。中国文化中人的意义来自自然和天道:忠实于天地、顺应于自然是中国人安身立命的价值支撑之一。这种价值支撑将"诚"的品性植入了中国人的生命意义。《礼记》中强调"诚者,天之道也";朱熹认为"诚者,真实无妄之谓,天理之本然也"。① 其次,诚信是做人的道德底线。西方的诚信观念是基于市场经济履约的基本要求而将诚信从外部引入伦理系统。而中国传统观念中的诚信则是基于人的价值需要而将诚信内化于人性本原。中华传统文化中的诚信是人之所以为人的基本特点之一,是一个人的立身之本,人无信不立。孔子将诚信视为做人的三大德之首,"人之所以立,信、智、勇也"。因此,如果在西方文化中,人无诚信只是没有道德;而在中国文化中,丧失诚信就在理论上被剥夺了做人的资格,诚信是做人的根本准则。②

中华传统文化中的诚信强调"内诚外信"。"诚"寓意真实、诚恳,"真实"意味着不有意歪曲客观事物的本来面貌;"诚恳"则要求不有意歪曲自己主观意图的本来面貌。"信"指的是人应当为自己的承诺负责,言而有复,诺而有行。③ 这同契约精神所要求的道德维度相吻合。人类缔约能力的有限性与利己主义的天性决定了在合同订立中既不能完全依靠"合意至上"的理念将合同限定于书面文书,也不能完全放任"合同自由"将合同的圆满履行与当事人的利益实现寄托于当事人的自愿履行。"合意至上"的理念仅承认了合同关系存在期间当事人约定的合同义务,而排除合同未成立前的先合同义务与合同消灭后的后合同义务,以及合同关系存续期间当事人未约定的附随义务。④ "合同自由"忽视了自利人机会主义逃避契约义务的可能性,无法确保合同的完全履行。因此,合同的自身缺陷要求存在一种凌驾于合同之上,能够确保当事人基于诚实、善意、爱人如己的内心状态履行合同,从而实现合同利益的机制,这种机制便是诚实信用原则。⑤ 作为达致合同平衡的约束机制,合同法中诚信的

---

① 参见郭建宁:《社会主义核心价值观基本内容释义》,人民出版社 2014 年版,第 135-136 页。

② 参见郭建宁:《社会主义核心价值观基本内容释义》,人民出版社 2014 年版,第 135-136 页;苏盾:《中西方诚信观溯源及比较》,《理论界》2005 年第 11 期,第 139 页。

③ 参见郭建宁:《社会主义核心价值观基本内容释义》,人民出版社 2014 年版,第 134 页。

④ 参见谢增毅:《诚实信用原则与合同义务的扩张》,《社会科学辑刊》2002 年第 3 期,第 60 页。

⑤ 参见谢增毅:《诚实信用原则与合同义务的扩张》,《社会科学辑刊》2002 年第 3 期,第 61 页。

道德维度应当体现为：第一，诚实不欺，不做误导性陈述以利用他人不明真相的决定而获利。第二，信守诺言，保护有益信赖。① 因此，诚信原则不仅为合同法律约束力的范围延展提供了正当性依据，将合同订立前阶段的当事人行为纳入约束范畴，同时，为当事人应当履行允诺提供了坚实的理论支撑。

诚信的客观要求和当事人的合理期待之间并没有天壤之别。② 先期允诺的法律约束力可视为诚信义务在先合同谈判阶段的延伸。承认先期允诺法律约束力，作为对诚信原则的信守，是捍卫社会共同体信任的法律基础，是稳定社会关系、推动经济社会发展繁荣的基本因素。

（一）增强社会共同体的信任基础

21 世纪世界大部分国家转向市场导向的经济，并融入资本主义的全球性分工，人类处境走向"历史的终结"，换言之，人类社会向着同一最终目标演进。③ 政治与经济的趋同性使得文化在全球秩序中的地位愈发凸显，世界逐步走向一个"文明冲突"的时代，在这样的时代，人与人之间最显著的区别不再是意识形态，而是文化。④ 而社会本身固有的信任程度，作为普遍性的文化特征，已然成为一个国家繁盛和保有竞争力的决定因素。⑤ 同时，信任有助于产业结构和大规模组织的创建，对经济繁荣和竞争力的提升至关重要。

（二）降低社会合作中的交易成本

商业关系的存续依赖于信任和合作，内部信任是促进相互合作的基础。同一行业中工作的人们如果因为遵守诚信的道德体系而相互信任，则这种高度信任可使得社会关系得以自然形成，并在组织结构上实现创新。相对而言，如果没有这种信任，则人们只能基于正式的规则和规范进行合作，即谈判、同意、诉讼、强制执行，乃至强迫手段。这种法律装备仅仅是信任的替代品，经济学家称之为"交易成本"，亦即，一个社会中的普遍不信任给各种经济行为横加

---

① 参见陈永强：《民法学说与比较民法》，法律出版社 2017 年版，第 18 页。

② See Lord Steyn, "Contract Law: Fulfilling the Reasonable Expectations of Honest Men", 113 *Law Quarterly Review* (1997) 433: p.439.

③ 参见［美］弗朗西斯·福山：《信任：社会美德与创造经济繁荣》，郭华译，广西师范大学出版社 2016 年版，第 7-9 页。

④ See Samuel P. Huntington, *The Clash of Civilizations and the Remaking of World Order* (New York: Simon & Schuster, 1996), p.22-49.

⑤ 参见［美］弗朗西斯·福山：《信任：社会美德与创造经济繁荣》，郭华译，广西师范大学出版社 2016 年版，第 11 页。

了一种税,而高度信任的社会则无须支付这一税款。① 因此,从物质利益的角度看,在一次性交易中不诚信行为的收益大,而在长期交易中,诚信行为的收益大。换言之,一次性交易中的诚信行为是利他的,而长期交易中的诚信行为是利己的或至少是互利的。②

(三) 引导诚信行为规范的建立

合同中的背叛与失望是当事方缔结合同需要承担的风险之一,人们之所以甘愿承担此种风险,凭借的是国家规制和制裁对于违约者潜在惩罚的威胁所建立起来的对信任的保障。法律是由第三方强制实施的规范,不仅具有评价强制功能,而且具有引导预测功能。诚信机制的建立就是通过建立诚信标准和诚信规则使当事人产生行为后果的确定预期,从而引导当事人的行为选择,并确保当事人在法律强制力的"法外阴影"下对法律予以遵循,由此引导诚信行为规范的建立,促进合作交易的达成。③ 对诚信的尊重能够滋养民众的道德习惯和道德品行,诚信的道德共识为民众提供了相互信任的基础。不承认先期允诺的法律约束力势必会消解社会共同体的信任,同时,为合同订立初期不诚信、不道德的行为创造了一个安全港。电子商务时代,民法肩负着为这个虚拟的陌生人世界重建信赖与温暖的责任。④ 当遵守先期允诺被认为是正确的行事方法而得以固定行事,其将作为内化的实践规则而成为评判彼此行为,促进行为规律性的指引作用。

二、先期允诺法律约束力的效率价值

法律的效率,通常指法律作用于社会生活所产生的实际结果同颁布该法律时所要达到的社会目的之间的比重。⑤ 现代市场经济社会中常以"资源配置"来界定效率,赋予其"以价值极大化的方式配置和使用资源"的含义,因此,市场经济法律制度的效率价值,是指有效地利用资源、最大限度地增加社会财富,以法律手段促进资源的最佳配置。⑥

---

① 参见[美]弗朗西斯·福山:《信任:社会美德与创造经济繁荣》,郭华译,广西师范大学出版社 2016 年版,第 32 页。
② 徐国栋:《民法基本原则解释》,北京大学出版社 2013 年版,第 80 页。
③ 参见董灵:《论合同法诚信原则的经济学基础》,《广东社会科学》2006 年第 5 期,第 98 页。
④ 陈永强:《民法学说与比较民法》,法律出版社 2017 年版,第 6 页。
⑤ 沈宗灵:《法律社会学》,山西人民出版社 1987 年版,第 293 页。
⑥ 参见韩慧:《法律制度的效率价值追求》,《山东师大学报》2000 年第 1 期,第 14 页。

（一）增加社会财富总量

1.代理博弈模型分析①

根据商业活动的"代理博弈"模型分析,承认先期允诺的可执行性有助于增加社会信任并助益社会财富最大化。

表3-1代表了无合同约束时的代理博弈模型。博弈方1决定是否向一个由博弈方2控制的项目进行投资:如果博弈方1不投资,那么博弈结束,博弈双方没有任何收益。如果博弈方1投资,那么博弈方2可以选择合作或私吞博弈方1的资产:合作将产生1单位净收益,博弈双方平分该收益,博弈参与人1不但能收回1单位的投资,还能收到0.5单位的净收益,博弈参与人2同样分得0.5单位的净收益;如果博弈方2选择私吞,那么博弈方1会失去1财富单位,但博弈方2会增加1财富单位。因此,在无合同约束的代理博弈中,博弈方1的最优选择是不投资;博弈方2的最优选择必然是私吞投资。

表3-2代表了如果存在合理的法律或公正的法庭使当事人能订立具有强制履行效力的合同时,博弈支付矩阵的变化。我们假设,博弈方2愿意通过合作来换取博弈方1的投资,且博弈方1通过选择投资表示接受,如果博弈方2违背承诺、私吞投资时,法律将强制其对博弈方1的损失进行赔偿。此时,如果博弈方1投资,博弈方2履行合作合同,此时博弈方1与博弈方2的收益均为0.5;如果博弈方1投资而博弈方2违约,博弈方2需赔偿使博弈方1恢复到博弈方2履约时,博弈方1所能达到的处境,因此,博弈方2需要返还博弈方1的1单位投资并赔偿0.5单位的损失。此时,投资是博弈方1的最优策略;而合作是博弈方2的最优策略。

因此,给予承诺以强制执行力能够将非合作博弈转变为合作博弈并促使人们选择合作策略。在代理博弈模型中,投资与合作是促进总收益最大化的最佳方式。因此,如果合同的双方当事人在做出承诺时,希望该承诺是可强制执行的,该承诺通常应该被赋予可强制执行的法律约束力。

---

① 参见[美]罗伯特·考特、托马斯·尤伦:《法和经济学》(第6版),史晋川等译,格致出版社、上海人民出版社2012年版,第273-277页。

表 3-1   无合同约束时的代理博弈

		博弈方 2	
		合作	私吞
博弈方 1	投资	0.5 0.5	1.0 -1.0
	不投资	0 0	0 0

表 3-2   有合同约束时的代理博弈

		博弈方 2	
		合作	私吞
博弈方 1	投资	0.5 0.5	-0.5 0.5
	不投资	0 0	0 0

2.不完全合同理论

合同法的经济分析源于理想化的"完全合同"概念。传统上,完全合同是指对偶然事项的完整描述,并对每一个偶然事项以明确的合同条款方式做出回应。[1] 偶然事项包括"外生"经济变量的变化,如生产成本增加;也包括"内生"的行为反应,例如虚假地要求增加成本,或是在一个旨在服务于不同目的的合同条款背后寻求对现在不利的交易的庇护。[2] 经济分析一般认为,如果合同是完全合同,则法院除了根据合同的条款执行合同外,没有任何提高效率的作用;如果合同是不完全合同,或合同的完整性有合理的争议,那么法院应当遵循当事人的意图。[3] 因为只有满足当事人希望和意图的决定才能使人们的福利最大化。

---

[1]   Gerrit de Geest, *Contract Law and Economics* (Northampton:Edward Elgar Publishing, 2011),p.126.

[2]   Gerrit de Geest, *Contract Law and Economics* (Northampton:Edward Elgar Publishing, 2011),p.126.

[3]   Gerrit de Geest, *Contract Law and Economics* (Northampton:Edward Elgar Publishing, 2011),p.130.

完全合同假定是文本主义与语境主义的根本分歧。文本主义假定完全合同是可行并可取的,合同的明示条款即可视为完整合同的建立,是最接近当事人的意图;语境主义则假设不完全合同是不可避免的或者说可取的,法院需要参照明示条款以外的标准来填补空白或解释合同条款。①

事实上,完全合同假定的设立前提是虚幻的。因为并非所有当事人都有能力且有意愿签订合同,并且,完全合同的订立成本往往会超出预期。就前者而言,一方面,由于未来的不可预测性,当事人可能认为确定和约定各方应如何应对遥远的突发事件可能不值得花费时间和精力②;或者对于低概率事件,当事人倾向于对其忽略不计,因为排除这类事故的预期损失将是很小的,而将这些条款纳入合同之中的成本却是确定的。③ 另一方面,商人同律师就合同文书的详细程度层面存在认知差异,不同于律师对于合同应当尽可能详细地规定保护性条款的主张,商人更关注交易的达成,他们担心过于详尽的规定不仅会拖延谈判,还会给对方以"过于精明"的印象,阻碍交易的达成。就后者而言,完全合同的成本之所以很高,以至于当事人很难写出完全合同,在于起草完整合同超过了有限理性的当事方的能力④;即使起草更详细的条款相对便宜,当事人也可能故意使某些合同条款模棱两可,以回避那些可能会破坏交易的有争议的问题⑤;或者,当事方可能拥有不对称的信息,一方可能在战略上保留有利于更完整订约的信息⑥;当事人还可能发现某些合同条款成本过高,无

① See Hadfield, Gillian K, "Incomplete Contracts and Statutes", 12 *International Review of Law and Economics* (1992) 257: p.259.

② Richard A. Posner, "The Law and Economics of Contract Interpretation", 83 *Texas Law Review* (2005) 1581: p.1583; Shavell, Steven, "On the Writing and Interpretation of Contracts", 22 *Journal of Law, Economics and Organization* (2006) 289: p.289; Geis, George, "An Embedded Options Theory of Indefinite Contracts", 90 *Minnesota Law Review* (2006) 1664: p.1675-1678.

③ [美]斯蒂文·萨维尔:《法律的经济分析》,柯华庆译,中国政法大学出版社 2008 年版,第 64 页。

④ Eggleston, Karen, Eric Posner, Richard Zeckhauser, "The Design and Interpretation of Contracts: Why Complexity Matters", 95 *Northwestern University Law Review* (2000) 91: p.122-125.

⑤ Richard A. Postner, "The Law and Economics of Contract Interpretation", 83 *Texas Law Review* (2005) 1581: p. 1584; Geis, George, "An Embedded Options Theory of Indefinite Contracts", 90 *Minnesota Law Review* (2006) 1664: p.1680-1682.

⑥ Eggleston, Karen, Eric Posner, Richard Zeckhauser, "The Design and Interpretation of Contracts: Why Complexity Matters", 95 *Northwestern University Law Review* (2000) 91: p.109.

法在事后监督或执行①。

因此,不完全合同是交易关系中合同的主要形态,这意味着并不是所有双方达成一致的事项都会记载于书面文书中,仅拘泥于书面文书本身的合同解释很难达致当事人的实际意图,采用语境解释则是无限靠近当事人意图、促进有效订约、增加社会福利的高级治理机制。

(二)提高资源利用效率

1. 交易成本与执行成本

对先期允诺法律约束力的经济分析应当考虑两种特定类型的成本:交易成本(Transaction Costs)——达成和记录交易的成本,包括事前谈判和起草的成本;以及执行成本(Enforcement Costs)——确保遵守允诺和解决争端的成本,主要包括诉讼成本。先期允诺纳入合同的成本效益分析应当基于交易成本以及执行成本之间的权衡。

第一,承认先期允诺会降低交易成本。实质上,将先期允诺纳入合同范围会降低交易成本,因为它免除了双方当事人将所有规范协议的条款和标准简化到最终文书中的负担。当事人可以写一份简单的文件,交由法院通过语境解释来填补空白。② 特别是在典型的高交易成本合同领域,例如,不成熟当事方之间签订的合同或长期合同,当事方通常无法感知未来的交易风险,或是基于当事方感知风险的能力,或是由于预期的长期业务中,风险过于遥远。

第二,承认先期允诺并非一定要增加执行成本。一方面,在平衡事先订约费用和事后诉讼费用时,应当看到,订约费用是确定的,而且是在所有合同中发生的,而诉讼费用虽然往往比订约费用大得多,但只在小部分合同中发生。③ 另一方面,完全遵守书面文书的模式并不一定意味着事后的诉讼费用更低,因为当保护当事人实际意图的合同解释目标确定后,为确保书面文书更接近当事人的实际意图,当事人会有动力写出超出他们期望的更完整的合同,而事实上,随着条款冲突或其他行为的可能性增加,更复杂的合同可能导致更多的

---

① Eggleston, Karen, Eric Posner, Richard Zeckhauser, "The Design and Interpretation of Contracts: Why Complexity Matters", 95 *Northwestern University Law Review* (2000) 91: p.110-112, 119-122.

② Catherine Mitchell, *Interpretation of Contracts* (New York & London: Routledge-Cavendish, 2007), p.109.

③ Schwartz, Alan, Robert E. Scott, "Contract Theory and the Limits of Contract Law", 113 *Yale Law Journal* (2003) 541: p.585.

诉讼。

2. 高风险承担(规避)者

合同理论的法经济学分析常常使用高级风险承担者的概念,将合同不履行视为类似侵权事故,并在当事人希望得到这种结果的前提下,将合同风险分配给能够更好地承担这些风险的当事人。一般来说,合同寻求将某些不利事件的风险分配给能阻止事件发生的一方,或者,如果无法以合理成本阻止事件发生,则将风险分配给最高的风险承担者,以及防止任何一方利用非同步履行造成的漏洞。① 就先期允诺的法律约束力争端而言,允诺人往往是导致不利事件风险产生的源头,他们更有能力也更有责任阻止不利事件的发生。因此,应当通过赋予先期允诺以法律约束力,以强制履行允诺为进路,迫使允诺人谨慎允诺,从根源上避免不负责任的允诺的发生。

三、先期允诺法律约束力的安全价值

社会学法学认为,契约法中的权利和义务必须以交易安全为中心。作为社会行为的约束手段,保护交易安全是评判法律运行的重要标准。② 法的安全有静的安全与动的安全之分。静的安全指本身所享有的利益不为他人任意夺取的安全;动的安全是对依自身活动取得新利益时,法律对该取得行为加以保护,不使其归于无效的安全。前者着眼于既有利益的保护;后者则强调利益取得的安全,也称交易安全。③ 交易安全即为动的安全,动的安全即为行为安全,交易安全为动的安全(行为安全),是其形式,而交易主体合理信赖利益之安全,则系交易安全的内容和实质。④ 事实上,以 1900 年《德国民法典》的编纂为标志和契机,世界范围内的民商法的保护重心已由静的安全向交易安全倾斜从而呈现出"从静到动"的基本走势。⑤ 对先期允诺法律约束力的认可,赋予先期允诺以法律约束力,主要针对动的安全,即取得某种预期得到的利益的法

---

① Richard A. Posner, *Economic Analysis of Law* (New York: Aspen Publishers, 2002), p.91-96.

② 王峥:《信赖法则对传统契约法价值的继承和超越》,《社会科学家》2007 年第 1 期,第 83 页。

③ 参见郑玉波:《民法总则》,中国政法大学出版社 2003 年版,第 218-219 页。

④ 江帆、孙鹏:《交易安全与中国民商法》,中国政法大学出版社 1997 年版,第 14 页。

⑤ 江帆、孙鹏:《交易安全与中国民商法》,中国政法大学出版社 1997 年版,第 1 页。

律行为和法律关系的安全。① 主要体现为对受诺人基于交易外观信赖的安全价值的维护。

(一) 维护社会经济秩序

信赖是维系社会秩序与交易安全的重要媒介。合理信赖的保护,是法秩序的必然要求。② 市场中的交易活动以主体之间的信赖关系为基础,信赖关系的纯洁与可靠,以及在此基础上形成的交易安全的良好秩序是社会经济发展的无形财富。③ 交易是维系社会经济运行与发展的重要环节。交易安全既是秩序的核心,也是维护秩序的最佳手段。承认先期允诺的法律约束力,是通过保护个体交易信赖的方式,为整个社会构筑安全的交易秩序。一方面,个体交易安全能力的提升能够引导继发交易顺畅进行,以至于形成流动性不受阻断的交易链条。另一方面,若干个体交易的聚合将渐次形成局部交易、行业交易乃至整个社会交易的平面汇集,引发整个社会经济交换秩序的和谐共振。由此,使社会交易摆脱偶然性、突发性和任意性而取得平稳性、确定性和连续性。④

此外,合同法的根本问题是风险的分配问题。⑤ 法院的判决为当事人未预见的或合同中未有规定的事项提供损益分配的最终补充。经推定的当事人的权利义务是法院确定损益分配的基础,合同文本是当事人权利义务的确定基础,而合同订立前的磋商背景是确定当事人订立合同初衷的有益补充。先期允诺的法律约束力为法院确定合同的损益分配提供了重要的理论依据。

(二) 保障信用制度运行

商业革命的迅速发展,将以土地为主的固定经济转变为以货币和信贷为基础的更具流动性和创新性的经济。⑥ 信赖原则作为主导性的价值规范,促进了经济关系中的相互信任,是“信用经济”得以建立的基础。社会分工使交换成为必要,社会生产力的发展建立在企业家持续不断的商品和服务交换的基础上。为了能够最有效地利用生产力的各要素,企业家必须能够商定交易的

---

① 马新彦:《现代私法上的信赖法则》,社会科学文献出版社 2010 年版,第 57 页。

② 叶金强:《合同解释:私法自治、信赖保护与衡平考量》,《中外法学》2004 年第 1 期,第 79 页。

③ 马新彦:《信赖规则之界定》,《法制与社会发展》2002 年第 3 期,第 89 页。

④ 参见江帆、孙鹏:《交易安全与中国民商法》,中国政法大学出版社 1997 年版,第 35-36 页。

⑤ Morris R. Cohen, "The Basis of Contract", 46 *Harvard Law Review* (1933) 553:p.584.

⑥ Morris R. Cohen, "The Basis of Contract", 46 *Harvard Law Review* (1933) 553:p.557.

商品或服务在将来的某一时刻交付,这一交付必须能够依赖双方的承诺。① 因而,明确双方的协商得到遵守,基于合同承诺而产生的期待得到尊重,是保证信用制度运行的基本前提。

　　法律政策对于信赖的保护,是基于保护信赖可以塑造法律的安定性,并使信赖一方得以有计划地行动,提高法律行为交易的稳定性。② 电子商务与商品交易的快速发展对交易关系中的信赖与安定性提出了更高的要求,信用体系的建立体现了从传统对静态财产关系的保护向以动态财产关系为保护重心的转换。信用是建立在一些协议或交易未履行部分上的信赖或信任。③ 现代交往中,合作方相互间的信赖与信任是交易得以顺利实现的基础,对他人允诺的信赖增加了社交和企业所需的信心。先期允诺法律约束力的确定,意味着法律为违诺者或违约者设定了制裁规则,使人们更容易进行合作,既是对合意的维护,也是保护交易行为的重要手段,对允诺执行的保护为整个信用制度提供了基础。

小　结

　　先期允诺的现实依据为规制先期允诺法律约束力提供了动机。商业环境的快节奏化往往不允许合同当事人起草计划周密的书面合同。④ 书面文书的稳定性与仪式意义的削弱使得合同以书面形式存在不再意味着权威性。网络交易与长期交易中衍生出的大量的游离于合同文本之外的先期允诺,作为当事人双方关系确定和演变的基本背景,是缔约双方评估以及管理双方关系的重要组成部分,随着科技手段固定信息的便利性的提高而应获得合同约束力。利益交换是合同的最终目的。据此,合同法既要基于当事人的合意,同时又要超越当事人的合意。⑤ 合同的法律约束力并非源自当事人之间纯粹的意志,而是具有交易因素的"物化的意志"。⑥ 两大法系在决定合同法律约束力层面均

---

　　① 　[美]弗里德里奇·凯斯勒、格兰特·吉尔摩、安东尼·T·克朗曼:《合同法:案例与材料(上)》,屈广清译,中国政法大学出版社 2004 年版,导言第 3 页。

　　② 　邱雪梅:《先合同责任研究》,暨南大学出版社 2016 年版,第 49 页。

　　③ 　[英]P·S·阿狄亚:《合同法导论》,法律出版社 2002 年版,第 6 页。

　　④ 　Paolo Torzilli, "The Aftermath of MCC-Marble: Is This the Death Knell for the Parol Evidence Rule", 74 *ST. John's Law Review* (2000) 843: p.871.

　　⑤ 　孙良国:《合同法中预期与信赖保护研究》,法律出版社 2016 年版,引言第 12 页。

　　⑥ 　参见李永军:《契约效力的根源及其正当化说明理论》,《比较法研究》1998 年第 3 期,第 225 页。

以被物化的、由德性引导的意志为基础,而非以作为象征性元素的言辞为依据,是先期允诺法律约束力的理论基础。法律实现自行为、关系与环境而生的合理的期望。① 合理期望与信赖作为合同法的主要目标,是先期允诺法律约束力的正当性来源。对先期允诺约束力的承认是对交易公平的最低限度的法律保护和法律要求。对先期允诺的尊重,是以诚信的道德共识为社会共同体提供相互信任的基础,对于促进商业信用水平的提升和诚信社会的构建具有重要的文化意义;对于提高资源利用效力、促进社会福利最大化具有重要的经济意义;对于维护交易安全、稳固经济社会秩序具有重要的现实意义。

---

① 参见[美]卡多佐:《法律的生长 法律科学的悖论》,董炯、彭冰译,中国法制出版社2002年版,第57页。

第四章
先期允诺法律约束力认定的基本规则

"法律是善良与公正的艺术",法律制度应当以达致社会公正为直接的追求目的。① 保护合理期待是合同关系的核心,也是合同法的终极价值追求。建立在实质正义基础上的先期允诺法律约束力规则,是抽象正义原则的具体适用,也是法律保护允诺产生的合理期待,满足社会利益的必然结果。保护民事主体之间在交易中的实质正义,是先期允诺法律约束力认定的基本价值尺;发现和执行当事人的意图,是先期允诺法律约束力认定的基本价值追求。因此,对先期允诺法律约束力的认定,应当以合同文本非为当事人意图的完整表达为基本前提,以双方当事人的实际意图为衡量标准,以交换正义为基本向度。由此,为实现合同法兼顾确定性和可预见性,并恰当、合理地保护合同关系中当事人的真实意图,提供理论支撑。

第一节　先决条件:合同文书非为当事人意图的完整表达

同意的书面表现形式不是合同,而仅仅是构成合同的证据,这是合同法不容置疑的基础之一。② 合同文书并非涵盖当事人的所有合意,同当事人的合理期待也不具有绝对相关性。保护当事人的合理期待,是法律满足社会期待的必然结果,也是合同法的首要目标。合同解释的目的在于发现并执行当事人

---

① 参见刘承韪:《英美法对价原则研究:解读英美合同法王国中的"理论与规则之王"》,法律出版社 2006 年版,第 265 页。

② J. MURRAY, CONTRACTS § 2, at 5 (1974).

的真实意图。合同文书是否具有"完整性",即是否能够全面、准确地固定当事人的合意,是认定先期允诺法律约束力的基本前提。

一、认定合同文书完整性的基本路径

(一)美国合同法的路径借鉴

合同的完整性(Completeness)或终局性(Finality)是美国合同法率先提出的概念。作为口头证据规则的适用前提,美国法院通常对涉及当事人的书面文书以完全完整(Completely Integrated)和部分完整(Partially Integrated)进行区分。最终的且完整的书面文书为完整合同,任何先前协议的证据均不能同完整合同相矛盾或对其予以补充;最终的但并非完整的书面文书为部分完整合同,先前的协议证据不得同此类书面文书相矛盾,但一致的证据可以予以补充。[①]

对于如何确定完整性,存在两种基本范式的冲突。威利斯顿教授和科宾教授是争论的两方。两位学者都认为,当事人的"意图"应当是书面文书完整性的决定因素,但两者使用"意图"的方式显著不同。威利斯顿强调,书面文书在辨别双方意图方面具有决定性;而科宾则主张审判法院审查所有可用的外部证据,以确定双方当事人的真正意图。[②]

威利斯顿对当事人意图订立完整合同的方法概括如下:(1)如果书面文书明确声明包括双方的全部协议(有时称为完整条款),除非文件明显不完整,或者合同条款是基于欺诈或错误导致的,或者存在足以解除合同的其他理由,否则该声明最终确定书面文书是完全完整的。(2)在没有完整条款的情况下,通过查阅书面文书做出决定。如果书面文书表面上明显不完整,或虽然表面上是完整的,但同契约、债券、账单和票据一样,仅表示一方当事人的承诺,可以承认一致的先期口头证据。(3)书面文书看起来是表达双方权利和义务的完整文书,除非诉称附加条款是书面合同当事人自然应当作为单独协议订立的,

---

① Michael B. Metzger, "The Parol Evidence Rule: Promissory Estoppel's Next Conquest", 36 *Vanderbilt Law Review* (1983) 1383: p.1393.

② Wallach, "The Declining 'Sanctity' of Written Contracts—The Impact of the Uniform Commercial Code on the Parol Evidence Rule", 44 *Mo. L. Rev* (1979) 651: p. 659.在这方面,威利斯顿教授的方法类似于现在已经失效的"四角规则"(Four Corners)学说。

否则该书面文书视为完全完整合同。① 威利斯顿教授的观点对《合同法重述》产生重大影响,《合同法》对合同的完整性做出假设:"如果双方当事人将书面协议作为合同最终和完整表达,则该协议是完整的。"②

科宾教授认为,在确定合同完整性时,应当关注当事各方的真实意图,即双方当事人主观上是否同意将书面文书作为最后的部分或完整的陈述。书面文书本身无法自证其完整性,合同完整性的意图离不开赋予合同生命的合同订立过程。③ 因此,口头证据规则并非以当事人是否同意将书面文书的特定条款作为其合同的完整和与最终表达的问题为适用前提。相反,应当首先考虑当事各方的真实意图以确定一份书面文书是否完整。④ 法院在试图裁定双方在合同项下各自的权利和义务之前,必须确定书面文书是否代表双方的完整和最终协议有关的所有事实。科宾教授的观点影响了口头证据规则的最新表述。《统一商法典》的口头证据规则版本显著增加了事实审查者考虑外部条款证据的可能性。《统一商法典》建议,部分完整性的考察重点应当为"该书面文书是否为双方就其所包括条款达成的协议最终表达"。⑤ 只有当法院"认定书面文书是作为协议条款的完整和排他性陈述"时,法院才会禁止同书面文书一致的附加条款证据。⑥ 此外,只有在法院认为,所谓的附加条款"如果达成一致,肯定会包括在书面文书中"的情况下,法院才会认为该书面文书是"完整和排他的",并禁止外部条款的证据。⑦《统一商法典》还允许交易过程、履行过程和交易习惯的证据解释或补充书面文书中的条款,即使这些证据似乎明显同书面文件中的明确条款相矛盾。⑧《合同法重述(第二次)》§209 对于完整性的定义:如果双方当事人将协议简化为一份书面文书,即鉴于其完整性和特殊性可以合理地认为该书面文书是一份完整的合同,则该书面文书应视为一份

---

① Samuel Williston, *A Treatise on the Law of Contracts* (Rochester:Lawyers Cooperative Publishing,1961),p.1014-1020.

② RESTATEMENT OF CONTRACTS § 228 (1932).

③ Comment "The Parol Evidence Rule and Third Parties", 41 *Fordham Law Review* (1973) 945:p.972.

④ See Arthur L. Corbin, *Corbin on Contracts* (Eagan:West Publishing Company,1960), p.463.

⑤ U.C.C. § 2-202 (1977).

⑥ U.C.C. § 2-202(b) (1977).

⑦ U.C.C. § 2-202 comment 3 (1977).

⑧ U.C.C. § 2-202(a) (1977).

完整的合同,除非有其他证据证明该书面文书不构成当事人对合同条款的最终表达。① 《合同法重述(第二次)》拒绝了书面文书本身可以"证明自身完整性"的概念,并指出"必须允许对与当事人意图有关的情况进行广泛的调查"。② 法院必须通过查看"所有相关证据",③包括交易习惯、交易过程和履行过程,④来确定双方关于合同完整性的意图;即便存在完整条款,对合同完整性认定也不具有决定性。⑤ 如果省略条款是"在同样情况下,可以自然从书面文书中省略的条款",则法院认为该书面文书是部分完整的。⑥ 然而,如果该省略"似乎并不自然",也并不妨碍其被采纳,除非法院认为该书面文书的用意是作为协议的完整和排他性陈述。⑦

(二) 我国合同法的路径选择

威利斯顿教授与科宾教授关于合同完整性认定的争论映衬出合同解释理论中文本主义与语境主义的分野。威利斯顿教授关于"合同文书能够自证其完整性"的观点同文本解释理论具有同质性:文本解释基于对文本独立性的信仰,强调文本在很大程度上是自我效能(Self-Sufficient)的,并且可以在不参考任何外部证据的情况下进行解释。科宾教授关于"完整性应当基于当事人意图的所有相关证据"的观点同语境主义对于合同背景和语境的信赖具有同源性。语境解释认为,合同文本和语境共同构成当事人关系的渊源和尺度,文本以外的材料对解释任务同样具有重要性。⑧

基于文本的合同完整性认定模式预设了两个前提:第一,当事人是法律上成熟的主体,他们可以随心所欲地将尽可能多的语境嵌入到精确的协议中,他们可以合理地投入足够的起草费用,以确保法院在解释书面文书时能够经常

---

① RESTATEMENT (SECOND) OF CONTRACTS § 209 (1981).

② RESTATEMENT (SECOND) OF CONTRACTS § 210 comment b (1981).

③ RESTATEMENT (SECOND) OF CONTRACTS § 209 comment c; § 210 comment b (1981).

④ RESTATEMENT (SECOND) OF CONTRACTS § 209 comment a (1981).

⑤ RESTATEMENT (SECOND) OF CONTRACTS § 209 comment b (1981).

⑥ RESTATEMENT (SECOND) OF CONTRACTS § 216(2)(b) (1981).

⑦ RESTATEMENT (SECOND) OF CONTRACTS § 216 comment d (1981).

⑧ Catherine Mitchell, *Interpretation of Contracts* (New York &London: Routledge-Cavendish, 2007), p.4.

性地得出"正确的解释"。① 第二,语言具有极高的精确性和稳定性。就前者而言,这种场景下对于当事人缔约能力提出的极高要求同我国国情并不相符。现行市场经济的高度发展并未推动参与市场经济的市场主体的法律意识和法律能力提高至相匹配的应有状态,仍然是当前窒碍我国市场经济与法治化进程的主要问题。就后者而言,合同语言的意义并非仅来源于合同的文本,亦基于订立合同的特定背景和语境。语言的稳定性与精确性论断是将语言放置于一个封闭、稳定的系统中的固化思维,事实上,语言本身是位于开放、动态的结构体系中的,在不同的情境下往往具有不同的基础含义。正如威格莫尔(Wigmore)所言,"合同文书的文字永远都是外在事物的索引,文字的含义必须放置于他们同事物的联系中加以解释"。② 显然,合同的明确性应当为合同与其所规范的事物或活动之间的对应关系的性质,而不仅仅是语义表面的对应关系。③

　　基于语境的合同完整性认定模式试图弥合合同规制的社会要素和法律要素之间的鸿沟,使法律回归生活。④ 对于准确还原当事人订立合同的情景,探求当事人的内心真意具有突出的制度功能。其预设的两种典型合同背景:(1)大众市场(Mass-Market),成熟老练的卖方与不成熟的、在合同条款上不具有议价能力的消费者;(2)法律上不成熟的商业主体之间所从事的交易,⑤同现代合同法的理论演进相吻合。但此种模式的主要问题在于,忽视了正式合同中当事人的真实意图。当合同是由法律意义上成熟的当事人之间订立的,他们希望在一份完整的书面文件中尽可能多地或尽可能少地嵌入合同内容,并希望保护他们的选择不受解释制度的司法干预。

　　在我国现行合同解释制度的框架下,强化合同解释对合同内容的修正作

---

　　① See Ronald J. Gilson, Charles F. Sabel, Robert E. Scott, "Text and Context: Contract Interpretation as Contract Design", 100 *Cornell Law Review* (2014) 23: p.40; See Alan Schwartz & Robert E. Scott, "Contract Interpretation Redux", 119 *Yale Law Journal* (2010) 926: p.930.

　　② See John Henry Wigmore, A Treatise on the Anglo-American System of Evidence in Trials at Common Law(New York: Little Brown and Company, 1940), p. 224-227.

　　③ Richard A. Posner, "The Law and Economics of Contract Interpretation", 83 *Texas Law Review* (2005) 1581: p.1604.

　　④ Catherine Mitchell, *Interpretation of Contracts* (New York & London: Routledge-Cavendish, 2007), p.105.

　　⑤ See Ronald J. Gilson; Charles F. Sabel; Robert E. Scott, "Text and Context: Contract Interpretation as Contract Design", 100 *Cornell Law Review* (2014) 23: p.23.

用,具有重大借鉴意义。但对于合同文书终局性的判断,对任何一种模式的简单继受都难谓妥当。事实上,文本主义与语境主义并非纯粹意义上的二元对立。文本主义基于传统合同法的交易模型,描绘出两个独立的理性人基于充分的磋商和思想交流所产生的使双方均能从中受益,并将该内容共同固定于合同文书的理想化图景。语境主义则着眼于当事人缔约能力和缔约水平不相当的现代交易图景,希望借助当事人的交易过程来阐明合同含义。两种模式恰当合理的结合,应当是适应不同形态交易模式的理想选择。

私法自治与公平正义的适当平衡,既是合同法的基本要义,亦是先期允诺法律约束力判定的价值指引。交易关系中,赋予先期允诺法律约束力应当达致的最终目的是,在平衡合同自由与社会公正的基础上,实现社会整体福利最大化。因此,如何在设定一套体系完善的制度,在守护当事人意思自治的同时,探求当事人的真实合意,防范欺诈与不公平,是合同文书完整性判定的核心意旨。意思自治应当得到充分合理的尊重,但仅仅依靠合同文本的自我参照无法准确、完整的重塑合同订立背景。因此,在合同完整性的判断上,司法干预意思自治的前提在于合同当事方的经济和法律地位不对等或缔约方之间存在合同经济失衡。具体而言,应当结合书面文书的正式程度、当事人的相对成熟度以及磋商过程中是否滥用不平等的议价能力,结合当事方意图加以综合判断。本书认为,只有符合合同法传统交易模型——经公平和详细谈判的合同方具有完整性,可视为当事人办商后的理性选择结果。而只有合同文书具有完整性的前提下,书面合同文书的订立方可视为当事人以协商一致的合同文书解除并撤销先订立的所有说明和允诺。

事实上,口头证据规则的现实运作也显示出对合同当事人的地位及合同性质审查的关注。学者发现,法院在涉及“非正式”合同以及滥用谈判程序的合同案件与涉及“正式”合同的案件中口头证据规则的适用倾向存在差异。作者将成熟老练的当事人“公平而详细地谈判”的合同归类为“正式的”,并将不成熟老练的当事人之间的合同视为“非正式的”。由此我们可以得出结论:该规则只在‘正式”合同中发挥作用。在涉及非正式合同的案件中,口头证据规则几乎总是被规避的,如果法院选择不规避这一规则,其决定是基于所提供证据的可信性,而不是其可采性。在涉及滥用谈判程序的案件中,口头证据规则根本不适用于受害方。①

二、认定合同文书完整性的具体标准

合同文书的完整性意味着，双方当事人意图将该合同文书作为其协议的最终表达。与此相对应的则为临时的或暂时的文书，双方当事人仅意图将该合同文书作为协议的一部分或双方当事人根本未打算将该合同文书作为协议的最终表达，而仅将其作为暂定的或初步的书面文书，例如备忘录。合同文书是终局的，需要确定该书面文书是当事人打算作为实际协议还是仅仅作为制定实际协议前的阶段性谈判文件。当事人的意图对于确定合同文书的完整性至关重要，当事人的意图通常借助其客观表现加以判定。主要体现为，双方当事人自己认为必要的所有问题是否都已在书面文书中得到明示或默示解决。此外，美国判例法还确定了一系列其他因素，包括双方谈判的性质、行业习惯和惯例，以及书面文书的正式性和完整性。② 此外，合同文书的最终性，意味着该合同效力具有最终性，即不因违法、欺诈、错误或其他原因导致无效或可被撤销。

合同文书非为合理期待的完整诠释。法律记录总是缺乏完整性，因为它可能与当事人的"合理期望"关系不大，而当事人的"合理期望"是由交易关系的其他方面赋予的。③ 当事人的合理期待产生于长期商业关系、贸易习惯和成功交易，而非合同规划文件以及封闭的法律体系。④ 英国学者科林斯（Collins）在对合同进行广义的社会法律观研究地基础上就当事人的合理预期与书面文书的相关性提出质疑。他认为，合同极少精确地反映了当事人的合理预期，在商业语境下，当事人的合理预期产生于长期商业关系、贸易习惯和成功交易，而非简单的合同规划文件——合同文本。⑤ 商事交易中的当事人可能故意选择不完整的协议，即使他们知道这些协议在法律上是不可执行的，因为他们更

---

① Childres & Spitz, "Status in the Law of Contract", 47 *New York University Law Review* (1972) 1: p.7.

② Juanda Lowder Daniel, "K.I.S.S. the Parol Evidence Goodbye: Simplifying the Concept of Protecting the Parties' Written Agreement", 57 *Syracuse Law Review* (2007) 227: p.240.

③ See Huge Collins, *Regulating Contracts* (Oxford: Oxford University Press, 2003), p.271.

④ See Huge Collins, *Regulating Contracts* (Oxford: Oxford University Press, 2003), p.271.

⑤ See Huge Collins, *Regulating Contracts* (Oxford: Oxford University Press, 2003), p.271.

愿意相信,互惠公平的理念将为合同履行提供充分的激励。① 要求双方将先期允诺详细固定于书面文书中将破坏谈判各方试图在达成具有法律约束力的最终协议过程中建立起来的信任空间。从事特定贸易的商人往往以简明扼要的方式记录最重要的协议,甚至在某些长期的商业关系中,坚决执行合同条款将被视为一种机会主义。特别是,格式合同中当事人经济地位的不平等与"同意的虚拟性"导致了合同含义的颠覆性改变。合同的新含义是当事人从任何来源获得的合理期待。在新的含义下,合同可以不仅仅是当事人合意的表现形式,甚至当事人合意的表现形式可以不包括在合同中。换言之,在旧的含义下,合同是当事人合意的表现方式,其目的是试图事先双方的合理期待②;而在新的合同含义下,合理期待就是合同。③ 有鉴于此,对合理预期的保护需要就合同纠纷进行语境化处理,而非仅仅是信赖封闭的法律规则体系。④

合同法的目的应当是实现当事人的意思,而非实现书面形式。合同并非仅限于书面文书,还应包括习惯、惯例、双方的谈判、双方在先合同中的交易过程和履行过程等要素。⑤ 书面文书等同于合同的假设建立在个人主义的伦理基础上,即个人是理性的,是自身利益的最佳判断者;理性的个人不仅会自发地开展有利的人际合作,而且会自发地选择那些最有助于人类生存和繁衍的社会规范。⑥ 由此衍生出的理性人标准需要充分信息和完全市场竞争的背景配合。事实上,现代私法中私主体之间实力的悬殊造成自治扭曲,使私法自治理念不断被修正。⑦ 缔约双方能否达到传统合同法的理性人标准,是决定书面文书是否应具有终决性的基础。合同文书的完整性认定,应当充分尊重当事人的意思自治,并以公平正义为基本向度,充分考虑对于重建当事人各方达成协议的环境方面具有潜在相关性的具体因素,主要包括当事人的缔约能力、相

---

① Robert Scott, "A Theory of Self-Enforcing Indefinite Agreements", 103 *Columbia Law Review* (2003) 1641:p.1643.

② J. MURRAY, MURRAY ON CONTRACTS § 19 (rev. ed. 1974).

③ See W. David Slawson, "The New Meaning of Contract: The Transformation of Contracts Law by Standard Forms", 46 *University of Pittsburgh Law Review* (1984) 21: p.23.

④ See Huge Collins, *Regulating Contracts* (Oxford: Oxford University Press, 2003), p.143-148.

⑤ See Melvin Aron Eisenberg, The Emergence of Dynamic Contract Law, 2 *Theoretical Inquiries in Law* (2001) 1: p.5.

⑥ 熊丙万:《私法的基础:从个人主义走向合作主义》,中国法制出版社 2018 年版,第 11 页。

⑦ 参见叶金强:《信赖原理的私法结构》,北京大学出版社 2014 年版,第 1 页。

对成熟度以及磋商过程是否滥用不平等的议价能力,以实现公平正义与保护公平自由之间的微妙平衡。其中,缔约双方的相对成熟度(Sophistication)的考察并非局限于单方当事人合同能力的测试,而是采用滑动的尺度,结合当事人的经验和教育、交易的相对复杂性、合同是否具有长期性等动态因素,以当事人在谈判桌上的相对位置评估合同达成的合意。由此决定缔约方在设定义务时应当享有多大的自由,以及允许司法干预的程度。

值得注意的是,以上判断存在适用前提:(1)非为要式合同。根据《民法典》第 135 条规定①,法律、行政法规规定或者当事人约定应当采用书面形式订立的合同,原则上视为完整合同,书面文书的存在足以证明当事人之间存在受该文书约束的意思或信守该诺言的真实意愿。因为采用书面形式固定当事人合意的合同形式强制规则会产生三重目的:其一,明确合同内容的证据目的,即确定以何内容成立合同。其二,提醒当事人谨慎缔约的警示目的,对在法律上具有相当重要性的意思表示促使当事人了解合同意义和利害关系,避免仓促、轻率的签订合同。其三,在合同交涉和合同缔结之间划定警戒线的目的,双方当事人均可明确合同磋商过程中未列入书面合同中的合意不产生该合意将订入合同内容的信赖。② (2)合同不存在完整条款。完整条款又称吸收条款(Merger Clause),指交易双方相互同意将书面文书作为其合同条款最终的完整和准确表述的特别约定。通常以明示的方式在文书中声明,该书面文书已包含双方的全部协议,不存在任何外部陈述、保证或附带条款。完整条款的功能在于规定书面合同是双方之间的完整合同,亦即双方之间的所有协议均已吸收或纳入书面文书当中。③ 完整条款代表当事方通过完整条款管理其合同关系合同而将合同限定于书面文书的主观意愿,应予以尊重。

三、不同类型中合同文书的完整性

对于合同文书完整性的认定,亦即合同文书是否为当事人意图的完整表达,本书主张以合同双方当事人的相对成熟度为前提,区分合同订立是否经公

---

① 《民法典》第 135 条:民事法律行为可以采用书面形式、口头形式或者其他形式;法律、行政法规规定或者当事人约定采用特定形式的,应当采用特定形式。

② 参见韩世远:《合同法总论》,法律出版社 2017 年版,第 113-114 页;崔建远:《合同法》,北京大学出版社 2021 年版,第 28 页。

③ See Melvin A. Eisenberg, *Foundational Principles of Contract Law* (Oxford: Oxford University Press, 2018), p. 543.

平和详细谈判,在此基础上,将合同划分为三类①:

(一) 正式合同

正式合同是指具有一定专业知识和商业经验的各方之间交易所订立的合同。此类合同的特点在于缔约双方具有专业知识和平等的议价能力,且该合同经过公平和详细的谈判。② 通常,大企业之间订立的合同为此类合同。正式合同应当具有完整性,即不允许先期允诺予以变更或补充。理由如下:第一,正式合同是缔约双方实际意图的真实反映。(1)双方具有充足的专业知识和商业经验。作为"成熟老练"的当事方,他们具有知识和能力来识别最符合自身利益的条款。事实上,公司和市场的结构就是为了尽量减少公司内重要决策者系统性认知错误的可能性。③ (2)双方具有订立高质量合同的共同激励。企业之间的交易中,个体利润最大化的实现方式是共同盈余的最大化,这将根据企业的外部议价能力在彼此间进行分配。④ 因此,正式合同往往是经过细致的谈判和磋商以及精确的利益衡量之后的最终决定,能够准确地表达双方当事人的实际意图,是对双方意图的正确、合理的诠释。(3)法律假定,商人对他们各自业务中的固有风险具有充分认知,因此他们的书面合同将包括其合理预期范围内的所有条款。⑤ 第二,正式合同中双方的意思自治应当得到尊重。合同的本质是"人们规划和安排自己未来行为的一种自治方法"。⑥ 正式合同中,交易双方受共同目标激励,且具有较为均衡的知识和认知能力,合同是经过谨慎磋商并意在实现双方利益最大化的产物,双方对谨慎和正式签订的协议的合理依赖理应得到保护。法律不应过度干预,而应当为其提供一种廉价、

---

① 此处关于合同的分类,奇尔德雷斯(Childres)将其分为"正式合同""非正式合同"与"涉及滥用谈判过程的合同"。本书赞同并借鉴了此种分类,但就"涉及滥用谈判过程的合同",本文认为"格式合同"似乎更为准确。See Robert Childres; Stephen J. Spitz, "Status in the Law of Contract", 47 *New York University Law Review* (1972) 1: p.3-4.

② See Robert Childres; Stephen J. Spitz, "Status in the Law of Contract", 47 *New York University Law Review* (1972) 1: p.4.

③ See Alan Schwartz & Robert E. Scott, "Contract Theory and the Limits of Contract Law", 113 *Yale law Journal* (2003) 541: p.545-546.

④ Alan Schwartz & Robert E. Scott, "Contract Theory and the Limits of Contract Law", 113 *Yale law Journal* (2003) 541: p.549.

⑤ See Trakman, "Interpreting Contracts: A Common Law Dilemma", 59 *La Revue Du Barreau Canadien* (1981) 241: p.242-244.

⑥ See P. S. Atiyah, *Fuller and the Theory of Contract in Essays on Contract* (Oxford: Clarendon Press, 1986), p.74.

快速和可预测的机制,用以确定书面文书的法律效力。①

(二) 非正式合同

"非正式合同"是指缺乏专业知识和商业经营的个人之间的协议。② 本书认为,此类合同不具有完整性。首先,缔约双方未有专业知识和卓越的缔约能力,通常不具有足以将合同的全部内容极尽完善的订入合同文本的能力。其次,缔约双方不太适合承担详细的事前谈判的固定成本,因为他们不太可能在其他交易中收回订约成本。因此,如果受诺人提出对先期允诺的法律约束力予以认定,应当给予其合同解释的机会。但是,"非正式合同"是对当事人合意的有效固定,其排除司法干预的意旨应当得以尊重。因此,如果"非正式合同"中存在完整条款,可以被视为推定当事人意图的确凿证据。完整条款(Merger Clause)③是指合同中的一项条款,规定书面条款不得被先前或口头的协议所变更,因为这些协议都已被吸收入书面合同。④ 通常以明示的方式在文书中声明,该书面文书已包含双方的全部协议,不存在任何外部陈述、保证或附带条款。⑤ 完整条款的功能在于规定书面合同是双方之间的完整合同,亦即双方之间的所有协议均已吸收或纳入书面文书当中。⑥ 非正式合同中的完整条款应当有效,因为它代表了当事方将合同限定于书面文书的主观意愿,是对同等缔约主体订立最终合同权利的尊重。

(三) 格式合同

大规模生产和大规模销售的大型企业发展使新型合同、格式合同成为必然。⑦ 格式合同在保险、租赁、契约、抵押、消费信贷等重要领域具有通用性,已日益成为人们日常生活的重要部分。但基于格式合同中缔约双方议价能力不

---

① Gregory Klass, "Parol Evidence Rules and the Mechanics of Choice", 20 *Theoretical Inquiries in Law* (2019) 457: p.474.

② See Robert Childres; Stephen J. Spitz, "Status in the Law of Contract", 47 *New York University Law Review* (1972) 1: p.4.

③ 也称"Entire Agreement Clause"。

④ 薛波:《元照英美法词典》,北京大学出版社 2013 年版,第 911 页。

⑤ Arthur L. Corbin, "The Parol Evidence Rule", 53 *Faculty Scholarship Series* (1944) 603: p.618.

⑥ See Melvin A. Eisenberg, *Foundational Principles of Contract Law* (Oxford: Oxford University Press, 2018), p.543.

⑦ Friedrich Kessler, "The Contracts of Adhesion—Some Thoughts about Freedom of Contract Role of Compulsion in Economic Transactions", 43 *Columbia Law Review* (1943)629: p.631.

平等的现实,合同文书未经公平和详细谈判,非为当事人实际意图的完整诠释。可以说,格式合同中,书面文书已经失去了绝对正确的光环。①

具体体现为:第一,不平等的地位。(1)单方起草权限。格式合同通常由企业起草,他们作为交易的重复参与者,能够将详细的事前谈判的固定成本分摊到一系列交易中,因此他们有必要也有能力投入大量起草成本,聘请专业律师以确保条款符合企业利益。② 而相对方并非为交易的重复参与者,他们也无法从后续的重复交易中收回成本,因此很难要求他们承担详细的事前谈判固定成本。同时,以消费合同为例,大多数消费者交易具有低值性,重大损害的成本很小,消费者往往缺乏激励以投入成本参与合同起草。(2)议价能力悬殊。相比于格式合同起草方的雄厚经济实力和经济地位,非起草方通常是消费者、小企业、特许经营人、投资者等议价能力弱的群体。悬殊的经济实力差异排除了双方平等议价的可能。非起草方不具有规制合同条款以明智地选择通过订立合同达到想要达到的结果的能力,只能选择接受或放弃。③议价能力的缺失不仅导致非起草方不能保证合同会明智地顾及他们的利益,③甚至使格式合同沦为不合理利用非起草方的工具。第二,虚拟的同意。原则上,法律上并不承认同意是有效的,除非有理由认为做出同意的一方已经了解了他所同意的事项。④ 格式合同的根本问题在于缺乏同意,因为格式合同中根本不存在真正意义上的"同意",基于商业上的现实效果考量,卡尔·卢埃林对当事人的推定意图进行司法虚构,提出了"总括同意"(Blanket Assent)的概念⑤,旨在以一个虚构的同意概念,为格式合同的普遍拘束力和执行力提供正当性解释。事实上,格式合同中根本不存在真正意义上的"同意"。(1)非起草方未阅读或未理解合同。合同中真正意义上的"同意",应当是就协商条款的同意。而格式合同中的典型条款通常具有冗长、复杂、专业的特点,非起草方通常不具备

---

① See Gary L. Birnbaum; Louis A. Stahl; Michael P. West, "Standardized Agreements and the Parol Evidence Rule: Defining and Applying the Expectations Principle", 26 *Arizona Law Review* (1984) 793: p.801.

② See Gregory Klass, "Parol Evidence Rules and the Mechanics of Choice", 20 *Theoretical Inquiries in Law* (2019) 457: p.479-480.

③ [美]戴维·斯劳森:《有拘束力的允诺——20世纪末合同法改革》,杨秋霞译,知识产权出版社2018年版,第16页。

④ W. David Slawson, "The New Meaning of Contract: The Transformation of Contracts Law by Standard Forms", 46 *University of Pittsburgh Law Review* (1984) 21: p.35.

⑤ See K. Llewellyn, The Common Law Tradition: Deciding Appeals 370 (1960).

完全理解这些条款所必需的法律知识及经验。因此,非起草方通常不关注格式合同条款,而只关注一些基本条款。以消费合同为例,消费者通常只关注产品的价格和描述——产品的工作性能、娱乐价值、使用寿命等,因此,几乎从不阅读或理解格式条款,而是通过直接选择文档底部的"我同意"按钮或通过完成附加条款的交易的方式表示同意。① 事实上,即便消费者实际阅读了合同条款,也无法真正理解合同条款,相比于难以理解的书面合同,他们可能更倾向于相信口头保证。(2)非起草方并无选择。合同中真正意义上的"同意"应当建立在平等自愿的基础之上,一切以"必须同意"为前提的同意,都不是真正意义上的同意。格式合同的设定为非起草方只提供了两个选择:接受或放弃,对非起草方而言,格式合同承载的不是商定的"同意",而是强加的结果,起草方实质是以"迫使"非起草方必须同意的方式为非起草方提前做出了选择。因此,格式合同承载的只是起草方的同意,代表的也仅是起草方的感知需求,格式合同中并未有真正意义上的"同意"。

本书认为,格式合同非为当事人实际意图的完整诠释,因此采用格式合同形式的书面文书,不能当然排除先期允诺的法律约束力。就合同而言,法律不应仅将目光停留于双方达成什么样的合意,而应当关注合意背后的相互义务是否存在,以及是否严重不对等。② 换言之,契约自由受到尊重的前提是,其为社会和经济地位大致平等的当事方自由谈判的结果。而建立在"虚拟同意"和不平等地位基础上的格式合同并不符合传统合同法建立的平等交易模型。当事人交易能力不对等导致的合同给付与对待给付的严重不对等以及风险与负担分配的严重不均衡为格式合同的司法介入提供了实质正当性依据。一方面,当格式合同"异化"为经济强者压迫经济弱者的工具,③格式合同中的契约自由势必应受到道德正当性的制约,承认先期谈判过程中的口头保证或承诺的证据,是以司法介入的方式平衡缔约双方的议价能力,亦是平衡契约自由与实质公正的最佳方式。另一方面,相比于未承载双方合意,甚至未经非起草人阅读的格式合同条款,先期允诺往往为当事人双方明确确认的事实或承诺,这些事实或承诺要么成为交易基础的一部分,要么告知消费者的合理预期,因此,没有理由允许格式合同否定代表双方同意并蕴含谈判努力的先期允诺的

① See Gregory Klass, "Parol Evidence Rules and the Mechanics of Choice", 20 *Theoretical Inquiries in Law* (2019) 457: p.480.

② 参见李永军:《论债因在合同法中的作用》,《当代法学》2018年第2期,第94页。

③ 参见张建军:《格式合同的司法规制研究》,中国政法大学出版社2014年版,第42页。

法律约束力。

　　事实上,承认消费合同中先期允诺的法律拘束力是现代各国立法的主流趋势。《欧洲示范民法典草案》第Ⅱ-9:102 条①及美国《消费者合同法重述》(第五版)§8②都对此做出了明确规定。显然,承认消费合同中先期允诺的法律约束力以平衡缔约双方当事人的议价能力,保护消费者免受压迫的立法理念,其正确性是毋庸置疑的,但仅以消费合同无法涵盖现代合同领域中建立在不平等议价能力基础上的、未经公平和详细谈判的诸多合同,本书认为,宜以格式合同为基本范畴。第一,其他合同类型也呈现类似的磋商不完全、交易不对等的特征。以特许经营合同为例,特许经营合同本质是商业性的,但也逐渐表现出消费者合同的许多属性。(1)虚拟的同意。特许经营商业模式结构本身的复杂性以及特许经营合同语言的专业性导致特许经营合同往往是既冗长、复杂又专业。对于缺乏法律意见和对特定交易类型缺乏广泛经营的被特许人而言,需要面对的是阅读和理解所签署文件的普遍失败。(2)议价能力差异。特许经营合同中双方当事人的相对成熟度存在显著差异。Nagrampa v. MailCoups, Inc.③案中,法院认为:特许人与被特许人之间的关系普遍存在不平等的经济资源地位。被特许人通常是,但并非总是小商人、商界女性或其他人士,他们努力从工薪阶层转型,特许经营是他们第一笔生意。特许人通常是大公司。特许经营协议本身往往反映了这种议价能力的差距。特许经营协议通常是特许人准备的格式合同,只留给被特许人签或不签的选项。(3)合同的不完全性。一方面,特许经营合同的长期性决定双方不能准确预测未来事项并明确所有合同条款;另一方面,特许经营合同具有关系合同(Relational Contract)属性,即由于双方不能准确地预测未来事项,因而倾向于保持交易关

---

　　① 《欧洲示范民法典草案》第Ⅱ-9:102 条(1)规定了先合同陈述构成合同条款的基本条件:第一,该陈述为一方当事人在合同订立前做出;第二,对方当事人对于合同如订立则该陈述构成合同一部分存在合理信赖(理解)。第Ⅱ-9:102 条(2)则强调经营者为一方当事人时,做出的任何此类陈述都构成合同的一部分,除非适用例外规则;且该陈述内容包括但不限于货物或服务的质量与用途。第Ⅱ-9:102 条(3)将经营者的范围拓展至包括为经营者(专业供应商)提供服务的独立承包人。第Ⅱ-9:102 条(4)则在此基础上,强调当对方当事人是消费者的,经营者的范围扩展至生产者、专业分销商和在生产者与消费者之间的商业链条中的其他人的公开陈述。并强调当事人不得为损害消费者利益排除本条规定的适用,也不得减速或变更其效力。

　　② 美国《消费者合同法重述》(第五版)§8 规定:同企业先前确认的事实或承诺相矛盾、对其不合理限制或未能就此产生合理的预期效果的格式合同条款不构成就该条款协议的最终表达,也不具有根据口头证据规则解除先前确认事实或承诺而产生的义务的效力。

　　③ Nagrampa v. MailCoups, Inc., 469 E3d 1257, 1282 (9th Cir. 2006).

系开放以进行持续性的谈判和修订而导致条款未定的合同。由于双方关系的条款预计会随着时间的推移而发展,所以双方不能以低成本而将整个合同固定于书面文书中。① 因此,不能将特许经营合同视为双方当事人意图的完整表达,片面排除先期允诺的法律约束力将极易破坏当事人真实意图的实现。因此,特许经营合同的先期谈判过程中存在大量有关特许人与被特许人关系的前瞻性声明(未来性允诺),通常包括预期盈利能力和扩张机会,②应当纳入特许经营合同的保护范围。第二,现代合同中缔约方具有多重身份属性。消费合同主要指个人买方(即消费者)与定期向个人销售商品、服务、软件或其他产品的企业之间的合同。其典型设置为一方为经营者而另一方为消费者。事实上,实践中企业与企业之间的交易也呈现不平等趋势。作为零售商的企业,相对于消费者而言是经营者,而相对于批发商或制造商而言,则具有同消费者相同的法律地位与合理期待。再如,企业作为买方购买产品用以生产自己的产品,其亦为消费者。因此,仅以消费合同为基本度量不具有全面覆盖性。

值得注意的是,格式合同中的完整条款不具有决定书面合同完整性的效力。完整条款又称吸收条款(Merger Clause),通常指出卖方在宣传资料或补充条款中就书面合同完整性做出的特别约定。先期纠纷中的完整条款通常呈现两种形式:第一,宣传资料中的提示条款。例如,在宣传资料下方标注"本广告仅为形象宣传,一切图文数据仅供参考,最终以政府相关部门规划及双方签订的买卖合同为准"。第二,补充协议中的免责条款。例如,"未经出卖人书面允诺之任何承诺,对合同双方当事人均不具有法律约束力。该商品房的交付标准和条件以本合同约定为准,本合同未做约定的,以该商品房交付时的现状为准"。就免责条款排除的内容而言,既包括先期谈判期间的广告、宣传资料,也包含由该代理人做出的具体允诺。例如,"商品房销售企业通过《补充协议》的方式规定:任何出卖人的置业顾问、销售人员(包括出卖人授权代理人)的口头承诺和保证,均不构成出卖人的合同义务。"

格式合同中的完整条款之所以不具有决定书面合同完整性的效力。首先,完整条款代表交易双方相互同意某一书面文件作为其合同条款最终的完整和准确表述。因此,完整条款作为当事方管理合同要素的工具,需要交易双

---

① Eric A. Posner, "Parol Evidence Rule, the Plain Meaning Rule, and the Principles of Contractual Interpretation", 146 *University of Pennsylvania Law Review* (1997) 533: p.557.

② Robert W. Emerson, "Franchising and the Parol Evidence Rule", 50 *American Business Law Journal* (2013) 659: p.665.

方的相互同意。而格式合同中的非起草方不太可能注意、阅读或理解这些完整条款的后果,他们对于格式合同条款构成部分或完全完整协议的结论不具有控制权,因此不能排除格式合同条款不构成双方对某一特定事项最终表述的结论。① 基于法律行为理论,格式合同中的完整条款存在意思表示瑕疵,更确切地说,构成基于未阅读即签署文书情形中的表示错误。鉴于未经阅读而签署的合同书没有完全涵盖当事人的约定,作为合同书中规定口头约定无效的完整条款,其或是由于当事人未就该条款达成一致而自身无效,或是允许当事人就特别口头约定而言背离规定口头约定无效的完整条款。② 其次,完整条款、免责声明在法律上的可执行性,来源于人们具有按自己意愿订立合同的自由。但这种自由作为一种理想,应当以双方当事人谈判能力大致平等为前提。鉴于实践中大量的买家(尤其是消费层面的买家)缺乏讨价还价的筹码,赋予其可执行性的前提并不存在,限制卖方免责的自由是克服买卖双方议价能力差异的核心举措。③ 最后,完整条款已经逐渐演化为开发商排除其先期允诺责任的合法化工具。实践中此类完整条款作为控制代理人做出未经授权承诺的工具,已经成为假借代理人允诺诱使受诺人签署合同,后以书面文书中的完整条款排除其适用的工具。仅在商品房买卖领域,开发商以商业广告或宣传资料做出先期允诺或经由销售人员做出口头承诺,引诱买房人签订商品房买卖合同,后以宣传资料、书面补充协议中存在完整条款为由主张先期允诺无效的情况十分常见。因此,此类完整条款原则上应当认定为无效,除非被代理人不具有可归责性。一方面,作为被代理人的企业更有能力也更能以最低成本控制代理人的具体陈述,防止代理人做出虚假陈述;另一方面,如果仅以维护企业利益为由肯定免责条款的效力而否认代理人做出的先期允诺,显然会辜负另一方当事人的合理期待,他们可能基于代理人的先期允诺被引诱到合同当中,在此,应当将先期允诺纳入到合同内容当中,综合考量。《欧洲合同法原则》第6:101(3)也做出了类似规定:为专业供应商提供广告、营销服务、货物或其他财产的人,或处在商业链早期环节的人提供的此类信息和承诺,将被视为专业供应商的合同义务,除非该经营者不知道也没有理由知道这些信息或承诺。

---

① The American Law Institute, Restatement of the Consumer Contracts Law (2019), p.117.
② 参见[德]维尔纳·弗卢梅:《法律行为论》,迟颖译,法律出版社 2013 年版,第 538 页。
③ See Bluebook, "Warranties, Disclaimers and the Parol Evidence Rule", 53 *Columbia Law Review* (1953) 858:p.860.

第二节　构成要件:先期允诺承载当事人的法律意图

如上文所述,决定严守合同文本与承认先期允诺约束力之间张力程度的,是合同文本是否经由公平且详尽的谈判以代表当事人的真实合意。当合同文本并非当事人意图的完整表达而不具有完整性的情况下,应当允许引入先期允诺以还原当事人的订约图景,确定当事人的完整意图,保护当事人的合理期待。但是,并非所有先期允诺均适宜进入合同,只有承载当事人订立法律关系意图的先期允诺方且应当具有法律约束力。具体而言,该先期允诺人需具有受法律约束的意思,受诺人的信赖具有合理性以及先期允诺对合同内容具有重要性。

一、允诺人具有受法律约束的意思

(一)先期允诺内容的确定性

先期允诺的确定性意指该允诺应当明确、具体,表明允诺人意在受其意思表示约束,此为先期允诺能够具有法律约束力的基本前提。合同法的一项核心原则在于,一项可执行的允诺只有足够确定,法院方能以合理的确定程度确定当事人的意图。[1] 允诺的具体性确保当事人在做出允诺前是经过深思熟虑的,并且当事人能够有效地理解那些具有执行力和不具有执行力允诺之间的明确区分,并进而进行合乎理性的行为。[2] 允诺人表现出的明确的受法律约束的意图是区分可执行允诺与不可执行允诺的关键。允诺人是否意图在法律上约束自己,需要借由允诺的明确性推定允诺人是否具有受法律约束的意思或信守诺言的真实意愿。因此,先期允诺所承载的当事人意思表示的确定性是判定先期允诺能否得以获得法律约束力的首要前提。

对于先期允诺确定性的判定,亦即允诺人是否具有受该允诺约束意图的认定,应当以一个处于和对方当事人同样地位的理性人的理解为判定标准,不

---

① Alan Schwartz & Robert E. Scott, "Precontractual Liability and Preliminary Agreements", 120 *Harvard Law Review* (2007) 661:p.674.

② Lon L. Fuller, "Consideration and Form", 41 *Columbia Law Review* (1941) 799:p.800-803.

管该意图同当事人主观意图是否一致。同时,具有法律约束力的先期允诺应当满足"内容具体确定"的基本要求,即通过意思表示解释可以认定一项表示包含确定的关于合同权利义务关系的具体内容。① 司法实践中对于"内容具体确定"大致存在两种标准:第一,受诺人直观印象上的具体明确。即该说明或允诺若能够导致受诺人形成直观明确的影响,即为内容具体确定。例如,商品房买卖合同案件中开发商以沙盘、规划设计方案、房屋平面图、样板间等方式做出的允诺可视为内容具体确定。② 第二,客观意义上的具体明确。即仅有允诺的概貌不足以构成说明和允诺的具体明确,还应符合更加严格意义上的客观标准。例如,商品房买卖合同案件中开发商做出的关于"独立影城、室内滑雪场、高尔夫运动场"等允诺,虽将该允诺内容规划载于项目规划平面图中,尚不足以构成内容具体确定的基本标准,还需对其具体规划的配置面积、建设期限、建设规格标准做出具体描述。③ 本书赞同第一种标准,即达到受诺人直观印象上的具体明确即符合"内容具体确定",核心理由在于,过于严格的标准不利于对受诺人预期与信赖保护初衷的实现。因此,如果该先期允诺具有确定性、具体性,其内容可以被特定化并可以被明确地预期,即应认定该允诺符合"内容具体确定"的基本标准。此外,如果允诺人通过明示或暗示方式表明其违背允诺所承担的责任,则该允诺借此转变为持久的行为准则,因为允诺人通过承担责任来保证该意图的延续,担保允诺的实际履行。④

因此,商业吹嘘不构成先期允诺。先期允诺的明确具体要求使其区别于"一般性宣传"和"过分商业吹嘘",例如,房屋销售广告中的"置业首选旺地""升值潜力不可限量"。商业吹嘘通常内容含糊且采用夸张性、渲染性的表述,未达到特定化的具体程度,陈述人不会期望因此承担任何责任。在 Phame(Pty) Ltd v Paizes 案⑤中,上诉法院认为:"卖方的陈述是否超出了吹嘘的范围取决于每个案件的具体情况。相关考虑因素包括:该陈述是不是针对买方提出的问题做出的,其对买方有意购买的已知目的的重要性;这个陈述是事实还

---

① 杨代雄:《〈合同法〉第 14 条(要约的构成)评注》,《法学家》2018 年第 4 版,第 178 页。

② "冯某某、王某某与四平旭恒房地产开发有限公司商品房预售合同纠纷",[梨树县人民法院(2017)吉 0322 民初 1755 号]。

③ "李某某与中天城投集团城市建设有限公司商品房销售合同纠纷",[贵阳市云岩区人民法院(2017)黔 0103 民初 2390 号]。

④ See Samuel J. Stoljar, "Ambiguity of Promise", 47 *Northwestern University Law Review* (1952—1953)1: p.11.

⑤ 1973(3)SA397(A).

是个人意见；对于易受骗的人来说，能够显而易见的识别出卖家只是在赞美他的商品，因为卖家从来没有这样做过。"

此外，通常情况下，当事人的意见或观点不构成先期允诺，但如果当事人所依据的事实在允诺人的知识范围内，或者该方对所述事项具有或声称其具有某种特殊知识或技能，则该观点或意见可构成先期允诺。① 英国法上的典型案件可对此做出说明。L 在拍卖会上从 S 买了一家酒店作为投资，S 在拍卖细节中说明，这家酒店出租给了"最理想的房客"。然而，房客的财务状况非常困难，他只能付得起最后一季的房租。S 主张具体履行合同，L 反诉解除合同，认为关于承租人的陈述是虚假陈述，L 主张解除合同成功。这一陈述至少相当于一种明确的主张，即房东和房客之间的关系没有发生任何可以被认为使房客不满意的事情。②

（二）先期允诺内容的适当性

先期允诺具有法律约束力的前提在于，合同文书未经公平和详细谈判而不具有决定性，而需将双方先期谈判期间达成的非正式文书纳入合同中，整体考察双方当事人订立合同时的真实、完整意图。但对于当事人意图的考察，应当首先尊重允诺人的意思表示，即先期允诺的内容不应超过允诺人受意思表示约束的限度。由此，具有法律约束力的先期允诺的内容应原则上不同书面合同内容相矛盾。

对于书面意思表示与先期允诺的优位性判断，美国合同法上的口头证据规则做出了详尽的规定。美国合同法将合同以完全完整（Completely Integrated）和部分完整（Partially Integrated）进行区分。最终的且完整的书面文书为完整合同，任何先前协议的证据均不能同完整合同相矛盾或对其予以补充；最终的但并非完整的书面文书为部分完整合同，先前的协议证据不得同此类书面文书相矛盾，但一致的证据可以予以补充；而不具有完整性的合同，先前协议证据可以对其予以变更。③ 该规则关于合同文书与先期允诺的内容比较对我国现行关于先期允诺的立法具有重大借鉴意义。但鉴于该规则关于"一致与矛盾"的界定、"完整合同与部分完整合同"的界定仍存在分歧。本书

---

①　G. H. Treitel, *The Law of Contract* (London: Sweet & Maxwell, 2003), pp.330-331.

②　Smith v Land and House Property Corporation (1884) 28 Ch D 7.

③　Michael B. Metzger, "The Parol Evidence Rule: Promissory Estoppel's Next Conquest", 36 *Vanderbilt Law Review* (1983) 1383: p.1393.

建议采取较为简化的规则,具体而言,只有在合同经公平和详细谈判后,方且能够视为当事人意图的真实完整表达,由此可以认定为对先期允诺内容的覆盖,不应当允许先期允诺订入合同。对于其他非为当事人意图完整表达的合同而言,先期允诺具有法律约束力的条件为不同合同文书相矛盾,即可以对合同内容进行补充、解释。① 作为特殊情形,如若合同存在滥用谈判行为,换言之,当事人订立合同时被剥夺了修改或阅读与理解合同的机会,此时,先期允诺相对于合同文书而言应具有优位性,即允许同合同文书相矛盾的先期允诺订入合同。例如,网购中普遍使用的"点击合同",消费者不具有修改合同内容的权限,而仅能在"接受"与"拒绝"之间做出选择。②

二、受诺人信赖的合理性

边沁和奥斯丁先生曾有著述道:"契约之要义有二:其一,做出允诺的一方当将自己允诺为或不为某一个行为的意思表示于外;其二,受诺人应当表示其期盼允诺人实现其允诺。"③因此,先期允诺的法律约束力不仅应以允诺人意思表示的确定性为基础,还应兼顾受诺人信赖的合理性。事实上,信赖原理与自治原理之间的紧张关系,贯穿于先期允诺法律约束力认定的全过程。只有当信赖者的信赖合理性程度充沛时,信赖原理方可战胜自我决定意义上的自治原理,使责任者受到其意思之外的约束。④ 因此,"信赖合理性"的判断,也是认定先期允诺法律约束力的关键。对于受诺人"信赖合理性"的判断,需注意以下几点:

首先,"信赖合理性"强调受诺方的合理理解。在判断"信赖合理性"时,应当优先考虑哪一方当事人的理解,换言之,以哪一方的判断能力作为衡量允

---

① 本书不建议采用口头证据规则关于先期谈判需同合同文书相一致的表述,而采取相反表述,即除非将先期允诺和后合同放在同一份文书中会导致自相矛盾,否则先期允诺不应被视为同后合同不一致。

② 参见孙博亚:《网购合同格式条款控制的模式选择》,《学术交流》2019 年第 12 期,第87 页。

③ [英]亨利·梅因:《古代法》,郭亮译,法律出版社 2015 年版,第 168 页。

④ 叶金强:《信赖原理的私法结构》,元照出版社 2006 年版,序言第 1 页。

诺法律约束力的核心标准,存在立法分歧。美国《合同法重述》(第二次)第 90 条①关于"如果允诺人能够合理预见到其允诺能够引起受诺人或第三人的作为或不作为……"的表述,以允诺人在做出允诺时的合理期待作为判定依据,亦即根据允诺人当时所知道的情况,允诺人是否有理由期待允诺会引起重大的信赖。《欧洲示范民法典》第 II-9:102 条关于"一方当事人在合同订立前所做的陈述,在对方当事人合理地理解该陈述的做出是基于合同如订立该陈述即构成其中一部分时……"的表述,强调受诺方的合理理解。本书更赞同后者,即以受诺人的理解推断受诺人是否会将允诺人的表示视为可以安全信赖的允诺意图。主要原因在于,以允诺人的合理预期为判定标准做出的隐含预设为:如果允诺人能够预见到受诺人相信其允诺的可能性,而未能以合理谨慎的行事以避免误解,应当具有可归责性。而承认先期允诺法律约束力所宣誓的价值取向为:基于合理信赖而有所行为之人的正当利益,会得到法律的支持,信赖者的信赖不会因对方的背信、过失或外观的虚假等而落空。② 正如叔本华所言:错误感是法律的终极人性根源。将允诺的义务建立在信赖允诺人的伤害之上,是根本的真正途径。③ 因此,是否构成"合理信赖"的判定结果注重的是对受诺人的合理补偿,而非允诺人是否具有可归责性。事实上,《民法典》关于"意思表示解释"的有相对人与无相对人的区分,也体现了对于受领人信赖与预期保护的强调。因此,如果受诺人有理由相信该允诺的做出是基于合同如订立该允诺即构成合同内容,或者说允诺人使受诺人有理由相信,作为双方最终合同的一部分,受诺人的信赖将得到保护,无论允诺人在主观上是否打算受到约束。④

其次,"合理理解"着重强调允诺人的表示而非意思。根据《民法典》第 142 条的规定,有相对人的意思表示奉行表示主义;对于无相对人的意思表示,则采用意思主义。表示主义是对当事人的真意依据表示出来的意思加以解释。如果一个人的意思表示——其"陈述"必须得到认可,而真正有法律约束

---

① RESTATEMENT (SECOND) OF CONRACTS § 90 (1981).如果允诺人能够合理预见到其允诺能够引起受诺人或第三人的作为或不作为,且该允诺确实引起此种作为或不作为,如果只有通过强制履行该允诺方能避免不公正,则该允诺具有拘束力。违反允诺之救济应限制在公正所要求的范围内。

② 叶金强:《信赖原理的私法结构》,北京大学出版社 2014 年版,第 8 页。

③ Morris R. Cohen, "The Basis of Contract", 46 Harvard Law Review (1933) 553: p.578.

④ See Ben Mcfarlane, "The Protection of Pre-Contractual Reliance: A Way Forward?", 9 *Oxford University Commonwealth Law Journal* (2010) 95: p.104.

力的不是他的意思而是他的表述,他不是在欲表达的意思上受约束,而是在其所表达的内容的意义上受约束,对方会很正常地根据其表述的内容而这样理解。① 因此,对于信赖合理性的认定,通说采用客观标准,即一般理性人站在受诺人的立场上都会信赖允诺人的允诺而为一定行为或不为一定行为。② 信赖合理性的判断,需将理性人置于特定当事人的位置,以剔除欲保护期待中的不合理瑕疵。③ 因此,当事人的具体特征以及订立合同的背景,都是判定信赖合理性的关键因素。此种选择是通过提供一种更为确定的方法来解决合同法在特定情况下的价值冲突,从而调解抽象性与特殊性之间的经典方法论对立,以及自由与强制之间的矛盾。④ 为确定意图而必须审查的事实和情况应包括双方的相对谈判实力和买方的社会、经济和教育背景。⑤ 在不能认定当事人具有真正的意思的情况下,应该根据客观标准来判断是否存在受法律约束的义务。客观标准主要涉及两个方面。一个方面是风险,另一个方面是能否苛求有关当事人对这种风险承担责任。⑥ 此外,为兼顾允诺人的自我决定与受诺人的信赖保护,当一方的意思不同于表示的字面含义或合理含义时,即如果受诺人知道或应当知道允诺人的意思,则允诺人的意思而非表示应当占据优势。⑦ 这是因为,如果受诺人知道或应当知道允诺人想表达的内容是基于其意思而非表示,那么受诺人就不会对其表示产生信赖,或未产生值得保护的信赖。⑧ 换言之,此时允诺人的自我决定权限未被保护交易安全或保护受诺人的信赖所压倒。

① [德]海因·克茨:《欧洲合同法(上卷)》,周忠海等译,法律出版社 2001 年版,第 9 页。

② 马新彦:《现代私法上的信赖法则》,社会科学文献出版社 2010 年版,第 275-276 页。

③ See Bailey H. Kuklin, "The Justification for Protecting Reasonable Expectations", 29 *Hofstra Law Review* (2001) 863: p.867.

④ Jay M. Feinman, "Promissory Estoppel and Judicial Method", 97 *Harvard Law Review* (1984) 678: p.713.

⑤ Richard F. Broude, "Consumer and the Parol Evidence Rule: Section 2-202 of the Uniform Commercial Code", 1970 *Duke Law Journal* (1970) 881: p.917.

⑥ [德]迪特尔·梅迪库斯:《德国民法总论》,邵建东译,法律出版社 2017 年版,第 155 页。

⑦ 参见张金海:《论意思表示解释中的"知道与可以合理地期待知道规则"》,《政治与法律》2016 年第 4 期,第 86 页。

⑧ 《联合国国际货物销售公约》也有类似规定。第 8 条第 1 款:为本公约的目的,一方当事人所做的声明和其他行为,应按照他的意旨解释,如果另一方当事人已知道或不可能不知道此意旨。

最后,"信赖合理性"的判断需考虑当事人的相对能力。一方面,需考虑受诺人确定允诺内容真实性的相对能力,包括个人特征与专业知识,其中以当事人的相关专业知识最为典型。具体而言,如果允诺分别由具有专业知识和技能的一方或未有专业知识和技能的一方做出,则前者的允诺更易对受诺人产生合理信赖,而被视为合同条款。此外,如果允诺人相对于受诺人能够更好地确定允诺的准确性或对此负有主要责任,则基于该允诺的信赖更易具有合理性。[①] 对此,英国法上的两个经典案例能够予以充分说明。Oscar Chess Ltd v Williams[②] 案中,一个私人卖家把一辆汽车卖给了一家经销商公司。他告诉经销商公司,这辆车是 1948 年款,行驶日志显示它是 1948 年首次登记的。实际上该车是 1939 年款,日志被一个不认识的人改了。上诉法院认为,卖方的陈述不是合同条款,而只是一项不引起任何违约诉讼的陈述。而在 Dick Bentley Productions Ltd v Harold Smith(Motors)Ltd[③] 案中,汽车经销商根据里程表的读数向私人购买者所做的陈述,即该车只行驶了 20 000 英里(1 英里 ≈ 1.61 千米),而事实上它已经行驶了 100 000 英里,法院认为构成合同条款。Oscar 案的区别在于,卖方"基于合理理由诚实地相信[陈述]是真实的",而后一个案件中,汽车经销商"有能力知道,或至少了解汽车的历史",是陈述了一个他自己应当知情的事实,他跳过了该过程直接做出了结论。[④] 应当看到,当事人相对能力的审查本身也是各国立法对于买卖合同或者说消费合同中先期允诺制定特别规则予以保护的主要原因。另一方面,具有法律约束力的先期允诺应属允诺人能力范畴。允诺的法律约束力来自允诺人能够做出允诺的权利,超出允诺人的权利范围意味着允诺本身不再发生法律约束力。[⑤] 受诺人有义务对允诺的内容予以判断,也是受诺人应当承担的合理交易风险。不仅是一个草率做出允诺的人应当受到惩罚,相信一个草率允诺的人,也同样应当受到责备。[⑥]同时,基于允诺人能力范围的限制也是对允诺"明确具体"的必然要求,

---

① See Jack Beatson, Andrew Burrows, John Cartwright, *Anson's law of contract* (Oxford:Oxford University Press,2010),p.135.

② (1957)1 WLR 370.

③ (1965)1 WLR 623.

④ (1965)1 WLR 623,628,629.

⑤ [荷]胡果·格劳秀斯:《战争与和平法》,A.C.坎贝尔英译;何勤华等译,上海人民出版社 2017 年版,第 138 页。

⑥ 参见[荷]胡果·格劳秀斯:《战争与和平法》,A.C.坎贝尔英译;何勤华等译,上海人民出版社 2017 年版,第 129 页。

超出允诺人掌控范围的允诺,受制于第三方的决策影响,本身就含有不确定因素,未能满足允诺"明确具体"的基本要求。对于允诺人能力范畴的判定,此处以实践中争议较大的"学区房"和"学位房"的比较予以释明。"学区房"是政府证据生源情况来划分的,如果业主迁入"学区房",那么他们的子女可以根据规定入读户口所在地分配的学校。"学位房"是开发商与学校签订相关的协议或者合同达成合作关系,业主买房后可获得指定学校的"学位",其子女入读指定的学校不需要参加考试、电脑派位;仅凭购房合同或者房产证就可以在相应的学校上学。① "学区房"的允诺能否具有法律约束力相对而言不确定,因为存在超出开发商能力范围的政府规划等不确定因素;而"学位房"则完全属于开发商充分控制权的能力范畴,该允诺如果满足其他要件应当具有法律约束力。此种判定标准同样可以适用于实践中争议较大的商铺租赁或买卖案件中,开发商关于知名商家入驻、商铺承租率的承诺,都应属开发商能力范畴内。

三、先期允诺的重要性

先期允诺作为合同文本外的证明因素,其法律约束力的认定势必会一定程度地损害书面文书的正式性以及商事交易的可预见性与确定性。对先期允诺设置限制性要件的解释论构造能够一定程度上消除先期允诺的负面影响。因此,先期允诺只有在对合同的订立具有重大影响的前提下,才能超越合同文本,享有补充甚至变更书面合同内容的权限。此既为先期允诺具有法律约束力的正当性前提,也是平衡书面文书正当性与当事人意图真实性的事实基础。

根据条款对合同订立是否构成重大影响,英国法上将条款区分为条件和保证,约定条件通常被描述为"与合同的实质有关,或者换句话说,这一义务的性质是实质性的,不履行将会被另一方当事人公平地认为是对合同实质上的不履行"。② 此种界定也可为我们解构"对合同订立的重大影响"提供借鉴。本书认为,先期允诺重要性的判定主要分为三种情况:第一,先期允诺对订约意愿的重大影响。典型情况为该允诺是受诺人订立合同的实质性诱因,是诱使受诺人产生订立合同动机的主要因素。第二,先期允诺对合同内容的重大影响。即该允诺承载受诺人的合理期待,是合同内容的主要条款。第三,

---

① https://baijiahao.baidu.com/s? id = 1597894096809900726&wfr = spider&for = pc 访问日期:2020 年 3 月 12 日。

② Wallis v. Pratt [1910] 2 KB 1003.

先期允诺对合同效力的重大影响。先期允诺是合同订立的先决条件,在条件得到满足之前,合同未生效。此外,对于重大影响的判定标准,本书认为,应当以客观理性人为基础,兼顾当事人的具体情况。换言之,宜采用"合理的个性化需求"标准,即既考虑一般社会理性人依常理也能认可该项允诺的合理性与必要性,同时也考虑该允诺对当事人的个体重要性。对此,《欧洲示范民法典草案》第Ⅱ-9:102采用"该陈述对对方当事人的明显重要性"的规定,也体现出主观标准的重要作用。"对合同具有重大影响"的具体界定在第四章予以详述。

小　结

19世纪工业社会的发展使得建立在财产关系和雇佣关系基础之上的身份法则因无法满足时代发展而被弃置,当事人按照自身需要构建相互之间的契约关系成为过渡时期的主要法则,合同法反映了"从身份到契约"的运动。[①]现代社会中广泛存在的具有自身身份法则的保险关系、零售消费关系、商业供销关系、特许经营转让关系等诸如此类关系意味着,当事人意愿不再成为判定合同是否承载合意的唯一因素,双方法律地位、身份及交易类型亦被赋予极其重要的位置。可以说,从某种程度上,现代合同法正在实现"从契约到身份的回归"。由此,决定了书面文书不再具有普遍的完整性。书面合同的订立是否视为当事人以替代合同的方式解除并撤销在先订立的所有合同和允诺,不应当以合同文书作为孤立的判定客体,还需结合订约双方的相对订约能力,订约时的具体背景综合考量,并以最终的合同文书是否承载了双方当事人全部的、实际的共同意图为最终判定标准。合同文书的完整性认定以合同订立是否经公平和详细谈判,分为正式合同、非正式合同与格式合同。正式合同中,双方对谨慎和正式签订的协议的合理依赖理应得到保护,合同文书具有完整性,先期允诺原则上不具有法律约束力;非正式合同中,除非存在当事人以完整条款形式表明合同完整性的明示意图,否则不具有完整性,此时允许先期允诺对合同文本进行补充,将该允诺同后合同放置于同一份文书中不会导致自相矛盾,此种先期允诺即具有法律约束力;格式合同中,基于缔约方议价能力不平等且合同文书未经公平和详细谈判,不具有完整性,非为当事人最终意图的完整表

---

①　参见[美]罗纳德·波斯顿:《美国合同法的当前发展趋势》,张礼洪译,《外国法译评》1995年第1期,第73页。

达,因此,不同合同文书相矛盾的先期允诺可以对合同文本进行补充、解释;在存在滥用谈判行为的情况下,同合同文本相矛盾的先期允诺也应具有法律约束力。当合同文本不具有完整性的情况下,应当允许引入先期允诺以当还原事人的订约图景,确定当事人的完整意图,保护当事人的合理期待。此时,对于先期允诺的判定主要着眼于允诺人具有受约束的意旨,受诺人的合理信赖以及该允诺对合同订立的重大影响。

第五章
先期允诺法律约束力的具体形态

　　法律规制的制定,旨在最大限度达致同社会预期的吻合性以保护社会预期,通过维护从社会关系中衍生出的规范性标准来确立指导人们行为的抽象标准。确定特定规则的具体适用形态,既是对反映社会预期的抽象秩序的理论推演,亦是对确受保障的预期领域的明确界分。经由法律规则具体形态的界定,以为司法裁判提供适当明确的指引,是为法律的功用和价值所在。先期允诺法律约束力的具体形态界定,是先期允诺制度的适用核心,为制度的适用提供确定性的司法裁判指引。由此确保当事人能够有效地理解那些具有执行力和不具有执行力允诺之间的明确区分,并进而进行合乎理性的行为。①

　　法律约束力是指在一定时间、空间范围内法律对人们行为的制约和规范。② 在此基础上的合同法律约束力则主要意指已缔结的合同对合同当事人及第三方的强制执行力。先期允诺的法律约束力强度差异取决于其同合同文本的相互联系及影响,如若其对合同具有重大影响,则足以突破合同形式障碍,获得同合同文本同等的法律地位。此时先期允诺可转化为实质性的合同内容,当事人需按照允诺履行义务,否则应承担违反允诺的法律责任。基于同合同文本间相互作用的不同,先期允诺可经由不同身份转化为合同的实质内容。本部分主要围绕先期允诺对当事人订约意愿、合同实质内容及合同效力的重要影响,附带产品销售的特定场景,对构成合同内容的先期允诺的具体形态做出综合性研究。

---

① Lon L. Fuller, "Consideration and Form", 41 *Columbia Law Review* (1941) 799; 800-803.
② 杨彪、叶琪:《意向书的法律约束力》,《中山大学学报》2016 年第 6 期,第 168 页。

第一节　构成要约内容的先期允诺

一、先期允诺与要约邀请的相对关系

《民法典》第 473 条对构成要约邀请的具体形式进行了具体列举,同时在其第 2 款特别规定"商业广告和宣传的内容符合要约条件的,构成要约"。本书认为,《民法典》第 473 条第 2 款的设置并非为要约邀请进入要约提供容纳规则,而是要约邀请从要约引诱到要约的转化规则。换言之,一般性的广告不是要约,但当商业广告以公开的广告或价目表或以商品展示的方式做出,且内容具体确定,其目的并非唤起相对人的要约,而体现出以特定价格出售某种特定商品或提供某种特定服务的意思表示时,消费者可以将其认定为可以做出承诺的要约,通过遵守合同条款来订立合同。其他国家或地区的类似规定可以对此做出更清晰的解读,《欧洲合同法原则》第 Ⅱ-4:201 条(3)规定:"一项由经营者在公开的广告或商品目录或者商品展示中做出的特定价格供应库存商品或服务的建议,除非有特殊情况,否则应被视为以该价格提供商品或服务的要约,有效期直至库存商品售罄或者供应人提供此服务的能力告尽位置。"因此,虽然先期允诺规则涵盖了合同订立前的所有说明和承诺,但并未同《民法典》第 473 条的意旨相冲突。

事实上,先期允诺规则为要约邀请进入要约提供了具体的容纳规则,对要约邀请同要约的衔接具有重要意义。合同法关于要约邀请及要约的理论研究背景和缺陷在于,过度重视要约邀请与要约之间的区分,而恰恰忽视了要约邀请与要约在内容上的承继、容纳关系。[1] 对于要约邀请何以构成要约内容,学界存在三种学说:第一,交易条件说。要约邀请中涵盖了交易条件或为交易条件提供保障,则可转化为要约内容。[2]《商品房买卖司法解释》第 3 条的规定采用了此种观点,认为"商品房买卖中的广告承诺不同于一般的要约邀请,而是提供了明确的要约条件,基于购买人往往会受到该条件的引诱,只要购买人与

---

[1]　隋彭生:《论要约邀请的效力及容纳规则》,《政法论坛》2004 年第 1 期,第 90 页。

[2]　参见隋彭生:《论要约邀请的效力及容纳规则》,《政法论坛》2004 年第 1 期,第 87 页;张华、沈忱:《要约邀请、要约和承诺的效力认定》,《法律适用》2013 年第 9 期,第 66 页。

出卖人签订了购房合同,出卖人就应受其广告承诺的约束"。① 第二,未否定说。如果要约邀请中含有影响合同订立的内容,并且该要约邀请在随后的磋商过程中存在未被否定的内容,不强制执行该未被否定的内容对当事人权益将造成损害,则该内容自动成为合同内容。② 第三,利益判断说。如果广告中的意思表示对广告受众有利,则广告进入要约并修改契约中与之相抵触的条款;如果契约条件有利于广告受众,则广告不进入要约而受到契约条款的修正。③ 以上三种观点虽尽力为要约邀请构成要约内容做出解释,但均未对要约邀请构成要约内容提供准确规则。"交易条件说"将要约邀请区分为提出交易条件与未提出交易条件的要约邀请的划分值得肯定,但仅提出交易条件即可构成合同内容,不免有些武断。"未否定说"虽然为要约邀请构成从要约提高了门槛,但其仍然未就要约邀请构成要约内容的具体条件予以厘清,因为该学说也未就"何为对合同订立有影响"做出明确回答。"利益判断说"仅着眼于利益的均衡,而忽视了对当事人意思表示的解读,并不能做到真正利益均衡的划分。据此,先期允诺的法律约束力规则为作为要约邀请构成要约内容提供了规范指引。如果在缔约过程中,一方发出的要约邀请构成另一方的重大信赖基础,而双方在以后的要约和承诺过程中,没有做出相反的意思表示,则该要约邀请可视为合同内容。

二、构成要约内容的先期允诺标准判定

根据《民法典》第 473 条以及《商品房买卖司法解释》第 3 条的规定,以商业广告和宣传资料形式呈现的先期允诺,若符合构成要约内容的条件,可经由要约邀请—要约的转化路径,解释为合同内容。鉴于实践纠纷确已集中在宣传等具有"吸引力"的允诺之中,可通过扩张解释"宣传"所涵盖的范围方式,从而将不同形式的先期允诺通过商业广告和宣传资料的载体方式进入合同内容,④但在形式要件以外,还需符合以下具体规则:

---

① 参见最高人民法院民事审判第一庭编著:《最高人民法院关于审理商品房买卖合同纠纷件司法解释的理解与适用》,人民法院出版社 2003 年版,第 48-49 页。

② 参见王敬华:《论要约邀请的内容与合同内容之间的容纳关系——兼论我国〈合同法〉相关条款的完善》,《法学杂志》2010 年第 5 期,第 108 页。

③ 参见綦骏:《论广告进入契约的可能性及其实现》,《法商研究》2005 年第 1 期,第 72 页。

④ 参见薛军:《论合同当事人合意范围的界定与内容合并条款——以中国〈民法典〉为中心的解释论构造》,《社会科学辑刊》2022 年第 2 期,第 72 页。

《民法典》第 472 条规定要约的首要条件即为内容具体确定。其中,要约的内容必须具体,是指要约的内容必须具有合同的条件,至少是主要条件,得因受要约人的承诺而使合同成立;要约的内容必须确定,则要求要约的内容必须明确,而非含糊不清。①

先期允诺作为合同文本外的证明因素,其法律约束力的认定势必会一定程度地损害书面文书的正式性以及商事交易的可预见性与确定性,故需在解释构造上消除其负面影响。事实上,要约邀请内容可进入要约的前提是其包含交易条件,这一点已得到学界大多数学者的支持。② 该交易条件或体现为关于未来合同标的的说明,或体现为保障交易安全的条件。③ 根据《民法典》第 473 条的规定,商业广告和宣传内容需符合要约条件,方可经由要约邀请容纳路径构成要约。尽管《民法典》第 473 条在原《中华人民共和国合同法》(简称《合同法》)第 15 条“视为要约”的基础上采用“构成要约”的表述,体现出商业广告、宣传资料从直接作为要约到可构成部分要约内容的变化,表明经由要约邀请容纳规则进入要约无须包含足以使合同成立的确定内容,但作为单个允诺进入要约内容仍应满足作为合同主要内容以构成要约内容部分条款的条件。《商品房买卖司法解释》第 3 条关于“就商品房开发规划范围内的房屋及相关设施所做的说明和允诺”以及“对商品房买卖合同的订立以及房屋价格的确定有重大影响”的要求限定也体现出此种理念原则。对“主要内容”的解释,可以围绕以下维度展开。

(一) 合同的主要义务

合同的主要义务,也称合同关系的主要要素,是指根据合同性质而决定的直接影响到合同的成立及当事人的订约目的的义务。④ 具备合同的主要义务是要约成立的基本要求。合同主要义务的内容,笔者认为应当包含两个方面:其一,依合同性质决定的主要义务。即基于合同类型所产生的合同关系中所固有的、必备的义务。例如,《民法典》第 595 条规定的买卖合同中出卖人转移

---

① 参见崔建远:《合同法》(第 4 版),北京大学出版社 2021 年版,第 38 页。
② 隋彭生:《论要约邀请的效力及容纳规则》,《政法论坛》2004 年第 1 期,第 90 页;王敬华:《论要约邀请的内容与合同内容之间的容纳关系——兼论我国<合同法>相关条款的完善》,《法学杂志》2010 年第 5 期,第 107 页。
③ 王敬华:《论要约邀请的内容与合同内容之间的容纳关系——兼论我国<合同法>相关条款的完善》,《法学杂志》2010 年第 5 期,第 107 页。
④ 王利明:《合同法研究》(第一卷),中国人民大学出版社 2002 年版,第 373 页。

标的物所有权的义务和买受人支付价款的义务。"福建某某商业运营管理有限公司与李某某房屋租赁合同纠纷"中，①法院即采用了此种判定方式。其二，当事人特别约定的主要义务。例如，一方当事人明确同意，在违反某项特别条款的情况下，另一方当事人有权自由地拒绝履行合同；或者一方当事人明确声称他认为存在争议的条款非常重要，除非依据这些条款，否则他将拒绝签订合同，且另一方当事人也应同意该条件。②

（二）合同的主要条款

中国司法实践中，常以是否包含合同主要条款作为判断一项广告是要约还是要约邀请的主要标准，如果广告中包含了合同的主要条款，如提出了名称、价款、数量、性能等内容，则可认为构成要约内容。③ 对主要条款的范围界定，可参照原《最高人民法院关于适用〈中华人民共和国合同法〉若干问题的解释（二）》（简称《合同法司法解释（二）》）第 1 条，即包括当事人名称或者姓名、标的和数量，④同时结合合同性质或当事人约定进行具体分析。其中，买卖合同中关于货物质量、数量的描述性陈述，应被视为合同的主要内容，这已成为各国保护消费者权益的通用手段。⑤《中华人民共和国消费者权益保护法》（简称《消费者权益保护法》）第 20 条规定："经营者向消费者提供有关商品或者服务的质量、性能、用途、有效期限等信息，应当真实、全面，不得做虚假或者引人误解的宣传。"第 23 条第 2 款规定："经营者以广告、产品说明、实物样品或者其他方式表明商品或者服务的质量状况的，应当保证其提供的商品或者

---

① 参见"福建某某商业运营管理有限公司与李某某房屋租赁合同纠纷"，福建省泉州市鲤城区人民法院（2017）闽 0502 民初 433 号民事判决书。

② 英国法上也称其为"约定条件"。参见［英］P·S·阿狄亚：《合同法导论》，赵旭东等译，法律出版社 2002 年版，第 178 页。

③ 参见王利明：《合同法研究》（第一卷），中国人民大学出版社 2002 年版，第 215 页。

④ 对应于最高人民法院关于适用《中华人民共和国民法典》合同编通则部分的解释（征求意见稿）第 3 条 当事人就合同主体、标的及其数量达成合意的，人民法院应当认定合同成立。

⑤ 美国《统一商法典》§2-313 规定了货物买卖中卖方就买方关于货物的许诺、说明以及样本和模型则构成货物买卖中的明示保证（Express Warranties）。《德国民法典》第 434 条关于物的瑕疵的规定：买受人依出卖人、生产者（《产品责任法》第 4 条第 1 款和第 2 款）或者其辅助人的公开陈述，特别是在广告或者关于物的特定品质之标识中的公开陈述，而可以期待的品质，属于买受人能够按物的种类而期待的性能。同时，如果广告决定"合同约定的使用［性能］"，可产生第 459 条第 1 款第一句及第 462 条规定的瑕疵担保责任。《欧洲示范民法典草案》第Ⅱ-9：102 条第 2 款规定，合同一方当事人是经营者，并于合同订立前就其依合同将提供的财产或服务所具有的具体特征向对方当事人或公众做了陈述的，该陈述视为合同条款。

服务的实际质量与表明的质量状况相符。"第40条规定:"消费者在购买、使用商品时,其合法权益受到损害的,可以向销售者要求赔偿……消费者在接受服务时,其合法权益受到损害的,可以向服务者要求赔偿。"第45条第1款:"消费者因经营者利用虚假广告或者其他虚假宣传方式提供商品或者服务,其合法权益受到损害的,可以向经营者要求赔偿……。"

实践中,允许消费者提供在购买前的谈判过程中卖方的口头保证和承诺,作为平衡买卖双方议价能力的重要手段,此做法已被广泛采纳,以此要求卖方对自己的言行保持格外的谨慎。"秦某某等与北京京西思源商贸中心买卖合同纠纷"中,①法院直接认定,日常消费类商品的交易中,消费者与经营者之间就商品形成的口头约定应作为约束买卖合同双方的有效合同条款。需要注意的是,此类情形并非局限于买卖合同之中,产品销售领域,包括技术合同宣传彩页中就产品价格的承诺②,旅游合同中产品宣传页上做出的旅游用车空车率15%标准及品冠独家的承诺③,装修装饰合同中装修公司宣传的质量合格、质价相符的装修装饰服务④等亦属此类。

具体而言,构成产品销售中的明示保证应具备以下要素:第一,当事人一方为经营者。如果另一方当事人为消费者,即构成消费合同时,经营者的范围扩展至生产者、专业分销商和在生产者与消费者之间的商业链条中的其他人的公开陈述。第二,允诺内容为产品或服务所具有的具体特征。包括但不限于货物或服务的质量、数量与用途。第三,买受人存在合理信赖。即买受人合理理解该允诺一经合同订立即构成合同组成部分。合理信赖的判定,可以参考上文中的具体标准。第四,免责条款。(1)在合同订立时,对方当事人意识到或应当意识到该陈述不正确或因其他原因不会信赖其将作为合同条款。例如,在合同订立前,广告中的误导性陈述已得到公开的更正。(2)对方当事人订立合同的决定未受该陈述的影响,即强调陈述同当事人决定之间的因果联系。该允诺不限于口头或书面形式,对于当事人在其网站上做出具体和可核

---

① 参见"秦某某等与北京京西思源商贸中心买卖合同纠纷",北京市第一中级人民法院(2019)京01民终2898号民事判决书。

② "吴某某与成都川能新能源有限公司技术合同纠纷",云南省昆明市中级人民法院(2017)云01民初2032号民事判决书。

③ "黄某诉上海携程国际旅行社有限公司旅游合同纠纷",上海市第一中级人民法院(2017)沪01民终14035号民事判决书。

④ "王某某、湖北世匠装饰设计工程有限公司装饰装修合同纠纷",湖北省高级人民法院(2019)鄂民再214号再审民事裁定书。

实的陈述和承诺,亦可构成明确保证。

就先期明示保证同合同文书中的免责条款或完整条款的冲突而言,为避免卖方在合同签署前的磋商阶段做出了明示保证,后以书面文书中的免责条款或完整条款排除其适用的不诚信行为,基于确信明示保证是某些买方唯一的议价优势,防止合同起草人试图通过格式合同中的免责声明而无视其明示保证。① 因此,通常肯定同免责条款或完整条款相冲突的明示保证条款的效力,当事人如需在合同中通过明示条款排除先期明示保证条款,应调整至条件对等的情况。例如,出卖人降低价格以保持对等的情况。《统一商法典》第2-316(1)节规定,在明示保证和不一致的免责条款之间,以保证为准,免责声明无效,从而表明了对明示保证的明确偏好。② 美国《统一商法典》§2-316(1)规定:做出明示保证的词句或行为,以及倾向于否定或限制保证的词句或行为,应再做一致的解释;但除本篇关于口头证据和外部证据的条款另有规定外《统一商法典》2-202§,在此种解释不一致时,否定或限制保证的词句或行为无效。这一推定不适用于当事各方在更平等的基础上进行的纯商业交易,而且证据表明在签署书面文件之前已经或可能已经进行了实际谈判。③

除此之外,在履行合同内容之外以违约责任形式体现的先期允诺时,也可视情形解释为合同内容,包括商品销售中关于"假一罚万"的承诺。对于先期允诺中是否包含合同的主要"价款"因素,可以采取"比例原则",即以先期允诺中的价格占合同文书中的价格比例来加以判定。比例原则可以很好地解决类似"买房赠装修"等案件中销售广告和宣传资料赠送的装修价格是否构成重大影响的问题,如果赠送的装修的价格相对涉案房屋价格占比较大,则可以认为先期允诺中包含合同的主要价款因素。此外,如若先期允诺构成合同定价的重要组成部分,也可视为构成要约内容。

---

① 《统一商法典》2-202§肯定地允许消费者提供在购买之前的谈判过程中的口头保证和承诺的证据,从而使卖方和消费者的议价能力相等。See Richard F. Broude, "Consumer and the Parol Evidence Rule: Section 2-202 of the Uniform Commercial Code", 1970 *Duke Law Journal* (1970) 881: p.917-918.

② Harold Greenberg, "Oral warranties and written disclaimers in consumer transactions: Indiana's end run around the U.C.C. parol evidence rule", 23 *Indiana Law Review* (1990) 199: p.214.

③ Harold Greenberg, "Oral warranties and written disclaimers in consumer transactions: Indiana's end run around the U.C.C. parol evidence rule", 23 *Indiana Law Review* (1990) 199: p.216.

第二节　作为合同诱因的先期允诺

经由要约解释路径进入合同内容的先期允诺需符合构成合同的主要条款的基本要求。实践中尚存在虽非构成合同的主要条款,但同合同文本存在强相关关系,对合同具有重大影响的先期允诺,其中以"售后回租、保底收益"等非属"就商品房开发规划内的房屋及相关设施所做的说明和允诺"尤为典型。此类先期允诺作为商业目的的体现,无法满足房屋买卖合同旨在保护买房人对所购商品房基础设施和相关配套等居住环境质量的期待,无法被要约解释路径所涵盖,但仍应对其可归入合同内容的情形予以具体探讨,结合合同订立目的判断该允诺是否构成影响其订立合同的决定性信息。

一、作为合同诱因的先期允诺约束力来源

缔约动机本身虽非意思表示的内容,但如果在缔约过程中,表意人在交流时透露了其缔约动机或者有充分证据证明相对人知道该缔约动机,则关于缔约动机的信息也是理性人身处其中的交易情境,在规范解释中也应予以考虑。[1] 具体而言,如果先期允诺是诱使受诺人订立合同的主要原因,亦即,受诺人对于合同的"期待"是允诺方肯定性诱导行为的结果,没有该诱导,受诺人不会实施允诺人所期待或指示的行为。此时,作为合同实质性诱因的先期允诺可经动机路径由《民法典》第 142 条关于有相对人的意思表示的解释规则,判定其是否构成合同内容。

作为合同诱因的先期允诺之所以应当具有法律约束力,基于以下理由:

第一,合同法的主要目的是保护当事人的合理预期。预期与信赖是合同法的"灵魂"和"主线",是合同法的基本范畴。[2] 实质性诱因作为合同的主要目的,即为当事人订立合同所要达成的合理预期。

第二,诱因体现出合同关系的相互性。一方对于合同的"期待"是另一方肯定性诱导行为的结果,是"具有重要影响"的深度强化,不再仅对允诺的重要性进行单向评价,而对允诺与受诺人之间的互动关系进行双向考评。根据美国

---

① 杨代雄:《意思表示解释的原则》,《法学》2020 年第 7 期,第 54 页。
② 参见孙良国:《合同法中预期与信赖保护研究》,法律出版社 2016 年版,引言第 13 页。

《合同法重述(第二次)》第 90 条的规定,被引诱的合理信赖可以作为强制执行允诺的基础。霍姆斯所提出的经典的交易约因论也强调"允诺与约因之间的互惠诱因关系"为契约的根本,这种互惠诱因关系也是判定非正式性允诺是否具有可执行性的关键。交易约因论之所以推定互为诱因的允诺是可执行的,是基于诱因本身即体现出明确的相对应的受法律约束的意图存在。① 诱因作为合同订立的基础和条件,体现出当事人意欲达到特定法律效果的效果意思。

第三,诱因是合同关系基础的客观反映。亚里士多德关于事物本质的形而上学理论以及托马斯·阿奎那的目的论作为契约效力的哲理源泉,均强调"行为的本质与目的因的内在联系",即"目的因"是个别事物趋向于运动的方式,亦是界定行为本质的最终手段。因此,一项先期允诺如果符合合同的目的因,即构成合同所反映出的客观关系,是合同自身所应当具有的权利义务,应当具有法律约束力。

第四,作为合同诱因的先期允诺应当具有法律约束力似已成立法共识。英国法上,如果一项允诺的重要性在于,如果没有该允诺,受诺人根本不会签订合同,则该允诺可能被视为合同条款。② 日本《消费者合同法》第 4 条第 2 项规定:"经营者在做缔结消费者合同的劝诱时,就某一重要事项或者与该重要事项相关的事项仅作对该消费者有利的方面的说明,而对该重要事项对该消费者不利的方面的事实(以消费者通常会因该告知而认为该事实不存在为限)故意不做说明,导致消费者误认为该事实不存在并从而做出该消费者合同的要约或承诺的意思表示之时,消费者可以撤销该意思表示。但是,虽然该经营者要就该项事实对其做说明,但该消费者做了拒绝的,不在此限。"

二、作为合同诱因的先期允诺约束力判定标准

(一)合同订立的主要目的

传统原因理论认为,当事人进行交易必然伴随两种目的——直接目的(近因)与最终目的(远因)。前者是欲通过契约取得的利益或物,后者则是直接目的的目标。③ 近因是当事人订立合同的典型交易理由,也被称为客观目的;远

---

① See Randy E. Barnett, *Some Problems with Contract as Promise*, Cornell Law Review Vol. 77:1022, p.1029(1992).

② G. H. Treitel, *The Law of Contract*, Sweet & Maxwell, 2003, p.354.

③ 李永军:《论私法合同中意志的物化性——一个被我国立法、学理与司法忽视的决定合同生效的因素》,《政法论坛》2003 年第 5 期,第 123 页。

因则是当事人希望通过合同达到的最终目的,因具有极强的主观主义色彩,因此也被称为主观目的(动机)。① 近因通常在所有相同类型的合同中均是一致的、客观的,而远因则因人而异。② 事实上,构成合同内容的实质性诱因是"当事人期待合同达成的主要目的"。其内容既包括近因,即合同中的客观目的;也包括可确定的远因,即当事人所明示或可推知的主观目的。

首先,合同的客观目的。合同的客观目的通常指合同的典型交易目的,即给予所欲实现的法律后果。例如,买卖合同中的客观目的为"取得标的物所有权"。③ 关于合同客观目的的确定,笔者赞同崔建远教授的观点,即客观目的的确定不拘泥于抽象客观目的的机械适用,而应采抽象与具象的双重视角,针对具体合同进行具体分析。④ 合同的主要目的确定以典型交易目的为基础,同时结合案件的具体情形将交易目的具象化。例如,"河南省某某有限公司与吉林省榆树市某某村村民委员会、吉林省某某科技开发有限公司种植回收合同纠纷"中,⑤买受人的典型交易目的虽为取得标的物的所有权,但保证产量亦是其购买豆种的主要目的。此为被告作为出卖人所做出的关于豆种产量的宣传,虽未订入合同内容,但法院仍然认定该宣传报道应视为订立合同内容的原因,因为该宣传报道对于买受人购买豆种起到了实质性的作用,报道宣传中的高产是买受人签订合同的主要原因。

---

① 参见尹田:《法国现代合同法:契约自由与社会公平的冲突与平衡》,法律出版社 2009 年版,第 179 页。

② 李永军:《论私法合同中意志的物化性——一个被我国立法、学理与司法忽视的决定合同生效的因素》,《政法论坛》2003 年第 5 期,第 123 页。

③ 崔建远:《论合同目的及其不能实现》,《吉林大学社会科学学报》2015 年第 3 期,第 41 页。

④ 详见崔建远:《论合同目的及其不能实现》,《吉林大学社会科学学报》2015 年第 3 期,第 41-43 页。

⑤ 具体案情如下:被告某某公司在《科技日报》和《农民日报》上刊登"航 2"豆种是航天工业部育种 经过航天器搭载且可作为大豆原种的高产大豆种子,亩产可达 250 千克至 350 千克。后同某某村签订《扩繁大豆种子合同书》,其中约定:"品种为 88-8 航 2 大豆原种、相文公司于 2004 年 12 月末回收,种子回收价格为每市斤 1.5 元,如市场价高于 1.5 元每市斤时,收购价上浮 10%。"该合同签订后,某某村履行了种植义务,但大豆最终平均亩产 150 千克。某某村以产量未达宣传标准为由主张某某公司承担违约责任。法院认定,《科技日报》与《农民日报》的报道客观上对某某村购买"航 2"豆种起了实质性作用,某某村、某某公司虽未在合同中约定种植"航 2"豆种的产量,但报道宣传中的高产是某某村签订合同的主要原因,那么某某公司对其豆种的宣传,应视为合同的内容。参见"河南省某某有限公司与吉林省榆树市某某村村民委员会、吉林省某某科技开发有限公司种植回收合同纠纷",吉林省长春市中级人民法院(2016)吉 01 民终 1553 号民事判决书。

　　其次，可确定的主观目的。合同的主观目的虽因人而异，但若当事人在签订合同时明确将该动机告知对方相对人，并作为合同成立的基础或条件；或者虽然当事人在签订合同时未明确告知，但有充分且确凿的证据证明该动机就是合同（交易）成立的基础，此时，主观目的即转化为构成合同的实质性诱因。① 主观目的的确定主要分为以下两种情况。一是受诺人的明示表示。如果受诺人在磋商过程中明确表示该允诺条件为其签订合同的主要目的或前提条件，则该允诺构成合同订立的实质性诱因。对此，英国法上两个经典案例可以予以说明。Couchman v. Hill 案中，② 一头小母牛被拍卖，一位竞拍者问小母牛是不是小牛，并补充说，如果是，他不会出价。他在得到母牛不在小牛期的保证后买了这头母牛，法院认为这种保证是合同的一个条款。Bannerman v. White 案中，③ 班纳曼（Bannerman）向怀特（White）出售啤酒花，在销售谈判的过程中，怀特询问班纳曼该啤酒花的生长过程中是否使用过硫黄，并补充说，如果使用过硫黄他甚至不会询问价格，因为酿酒商拒绝接受被硫黄污染的啤酒花。班纳曼说没有使用过硫黄。在啤酒花交付后，怀特以啤酒花含有硫黄为由，拒绝履行合同，班纳曼起诉要求赔偿。事实证明，在班纳曼的三百英亩土地上，硫黄已被使用。陪审团最终认为，"班纳曼在所种植作物上关于使用硫黄的陈述"是双方理解并打算将其作为销售合同的一部分。共同上诉法院支持了该观点，并认为，班纳曼的保证是双方当事人订立合同的条件，违反该保证意味着怀特的合同责任将被免除。二是可推知的合同目的。例如，当事人购买房屋的主要目的虽然是居住使用，但如果有确凿证据证明买受人购买该房屋是基于学区的需求，比如买受人家中尚有适龄入学儿童，则可以推定学区是该案中当事人购买房屋的主要目的。实践中，就开发商在商铺（商用商品房）买卖过程中，以"售后返租、售后包租、保底收益"等允诺作为营销卖点，后通过由购房人同经营管理公司签订《委托经营管理协议》的方式以实现返租允诺的案件，部分法院判定开发商虽非合同相对方，但应与经营管理公司一同向

---

　　①　参见崔建远：《合同一般法定解除条件探微》，《法律科学（西北政法大学学报）》2011年第6期，第127页。

　　②　（1947）K. B. 554.

　　③　（1861）10 CBNS 844.

购房人承担委托合同违约的连带责任,①即采用了此种裁判思路。

(二)影响订约决定的主要因素

《现代汉语词典》将"诱因"界定为"导致某种事情发生的原因"。② 对该因素的判定,应当以客观标准为主。对于先期允诺是否构成影响订约决定的主要因素,可采取法律的合理推定方式。如果该允诺的性质可能导致理性人产生以上效果,而受诺人确实订立了合同,则可以公平地推论出:事实上受诺人是基于该允诺的影响而订立合同。③ 以商品房买卖为例,消费者购买商品房时的主要考虑因素通常为房屋的套型、朝向、地段、周边设施及小区性质,对于此范围之外的其他考虑因素,通常不认定为影响订约决定的主要因素。例如,"方某某、吴某某等与浙江某某房地产开发有限公司商品房预售合同纠纷"中,④原告主张房屋买卖广告中注明小区大门为标志性的法式豪华凯旋门,后实际上小区的公共设施中凯旋门不复存在,小区大门和南大门机动车出入口现状与被告展示的沙盘、宣传资料也不一致。法院认为,其不属于消费者购买商品房时的主要考虑因素,不视为对合同订立具有重大影响。

此处有三种情况需要特别强调。第一,如果该允诺是产品销售宣传的重要卖点,应当认为可以推定其为合同订立的实质性诱因,这主要基于允诺对理性受诺人的普遍影响。产品销售的"卖点"是商家关于产品本身的亮点介绍,也是吸引消费者购买的主要关注点,因其对普通消费者的重要影响,可以推定为促使消费者订立合同的诱因。"李某某与长春某某房地产开发有限公司房屋买卖合同纠纷"中,⑤法院认为,某某公司关于"双车库设计直接入户,匹配上层生活"的宣传,将双车库设计作为销售房屋的重要宣传卖点并标注在宣传册醒目位置,作为与其他楼盘别墅区分的重要因素,该卖点足以构成购房人决

---

① 参见"云南腾某某房地产开发有限公司、甘某某等委托合同纠纷",云南省保山市中级人民法院(2021)云 05 民再 23 号民事判决书;"张某某与蚌埠市祖玛商业经营管理有限公司、安徽景某某置业有限公司委托合同纠纷",蚌埠市龙子湖区人民法院(2018)皖 0302 民初 1650 号民事判决书。

② 中国社会科学院语言研究所词典编辑室编:《现代汉语词典》,商务印书馆 2012 年版,第 1583 页。

③ Muse Prime Properties Ltd v. Adhill Properties Ltd (1991) 61 P & CR 111, 124.

④ 参见"方某某、吴某某等与浙江某某房地产开发有限公司商品房预售合同纠纷",浙江省诸暨市人民法院(2016)浙 0681 民初 4438 号民事判决书。

⑤ 参见"李某某与长春市某某房地产开发有限公司房屋买卖合同纠纷",吉林省长春市中级人民法院(2017)吉 01 民终 2347 号民事判决书。

定是否购买该房屋的决定性因素,因此该宣传内容构成合同内容。此外,"桂林某某有限责任公司、桂林某某有限责任公司柳州分社旅游合同纠纷"中,①法院认为,某某公司在其旅游产品宣传单头版第一条载明"品质推荐:全程入住豪华(4星)酒店,品质更胜一筹! 保证入住1晚露天温泉酒店,穿日式和服泡露天温泉",该推荐是此旅游项目的重点、特色宣传内容,具体而明确,这也是普通旅游消费者愿意选择该旅游产品的重要因素,应为桂林某某公司承诺的旅游义务之一。第二,该允诺对合同主要目的的实现有重大影响,也可认定其为合同订立的实质性诱因。例如,基于商场经营状况对于商业房地产价值、商业经营收益具有较大影响,在涉及商铺的购买、租赁等案件中,关于"知名商家入驻""商家入驻率""配套商业街""房屋约定用途"等关涉商场经营状况的经营业态、商圈业态及招商情况的允诺,应当视为合同订立的实质性诱因。第三,该允诺是合同订立所依据的基本假设。双方当事人在订立合同时,通常会在明显必要的条款上达成一致,而忽略一些他们可能清楚或部分清楚的基本假设,这些假设如果是合同订立所依据的基础,则应当具有法律约束力。例如,出租人与承租人签订一栋建筑物的租约,包含给予承租人增加两层楼的特权。关于现有墙壁足够坚固,能够承受此类额外楼层的假设,虽未在合同文本中予以阐明,也应具有法律约束力。②

　　对于作为合同诱因的先期允诺,基于允诺本身即是以特定方式实施或禁止实施某种行为的意思表示,③可采用一般条款的具体化(价值判断)的方法,将其放置于《民法典》第142条意思表示解释规则内予以法律续造。基于意思表示解释的目的在于探求表意人意思表示的目的性及法律行为的和谐性,④对于意思表示解释的使用涵盖对法律行为的解释、补充和评价。⑤ 亦即,意思表示解释并非限于对合同文书内意思表示争议的解释,基于其对法律行为的评

---

① 参见"桂林某某有限责任公司、桂林某某有限责任公司柳州分社旅游合同纠纷",广西壮族自治区柳州市中级人民法院(2018)桂02民终2433号民事判决书。

② See Arthur Corbin, *The Parol Evidence Rule*, The Yale Law Journal, Vol.53;603, p.643-644 (1944).

③ 虽然允诺是否被强制执行以及违约时能否获得救济是英美法系关于合同的概念界定,美国《合同法重述(第二次)》将"允诺"界定为以特定方式实施或禁止实施某种行为的意思表示,这种意思表示使受诺人正当地认为一个允诺已经做出。See Restatement (Second) of Contracts § 2 (1) (1981).

④ 参见杨仁寿:《法学方法论》,中国政法大学出版社1999年版,第181页。

⑤ 参见杨仁寿:《法学方法论》,中国政法大学出版社1999年版,第139页。

价功能,对意思表示进行解释亦能够确定散佚于合同文书外的意思表示能否构成合同内容。其中,《民法典》第 142 条关于"行为目的"的解释可作为合同诱因的先期允诺经由动机路径解释为合同内容提供法律依据。

第三节　构成合同生效条件的先期允诺

如果先期允诺关涉合同的存在或合同条款的有效性,即不具备该先决条件,合同就不能生效,则该先期允诺应当被采纳。根据《民法典》第 158 条的规定,当事人对合同的效力可以约定附条件。附生效条件的合同,自条件成就时生效。先期允诺作为合同当事人负载合意的重要方式,如若构成当事人约定的决定合同效力发生的特定条件,基于先期允诺对合同效力的重大影响,该先期允诺应当具有合同法律约束力。因此,如果有先期允诺中的约定,除非满足某些条件,否则书面文书不作为具有法律效力的合同。此时,先期允诺是否履行是后合同文书的生效条件,或言之,先期允诺的履行与否直接决定书面文书是否具有法律效力,此时如果双方当事人意在订立书面合同,则应当尊重先期允诺的法律效力。

合同或合同条款的先决条件的口头证据是可以接受的,这一点已经得到了广泛的承认。这种条件的效果"不是改变具有约束力的文书的条款,而仅仅是推迟文书的生效日期,直到发生偶然事件"。口头证词可以表明"普通书面文书是根据一项协议执行的,该协议规定,除非在某些条件或意外情况下,否则文书不得生效"。请注意,尽管有特殊的先决条件,"只有在与书面合同的条款相一致的情况下,外部证据才可用于确立口头先决条件。"①《合同法重述》(第二次)评注阐述:如果口头条件要求同表面上完整的书面协议不一致,口头条件要求的证据直接关系到书面文书是否被认定为是完整协议,如果其为完整协议,则关系到是完全完整或部分完整。如果双方口头同意书面协议的履行受某一条件约束,则该书面协议不是一项完整协议,或者该协议仅在该条件发生前部分完整。即便书面文书中存在"完整条款",明确否定口头条款,也不

---

① Mark K. Glasser, Keith A. Rowley, "On Parol: The Construction and Interpretation of Written Agreements and the Role of Extrinsic Evidence in Contract Litigation", 49 *Baylor Law Review* (1997) 657: p.732.

能控制是否有一项完整协议或书面文书范围的问题。①

　　需要注意的是,第一,此处的"条件"是合同生效的法律条件,而非合同义务履行的条件。第二,该"条件"不以同书面文书条款相一致为限。即便该"条款"同书面文书不一致,基于其对合同效力的重大影响,该先期允诺应当具有法律约束力。即便书面文书中存在"完整条款",明确否定口头条款,也不能控制是否有一项完整协议或书面文书范围的问题。例如,A、B 双方就其持有的公司股份合并为一个新公司,订立并签署一份详尽的书面协议。书面协议规定,除非在 20 天内同意认购新公司的股票,否则本协议项下的所有义务将终止。双方达成口头协议,除非双方筹集 60 万美元的额外资金,否则该项目将不会启动。如果未筹集额外资金,合同就不存在。

小　结

　　对先期允诺法律约束力的承认是法律对于交易公平的最低限度的法律保护和法律要求,确定先期允诺法律约束力认定规则为兼顾合同法对于确定性和可预见性的渴望,为尊重书面协议的一致性、可预见性和神圣性提供了具体路径。

　　如果先期允诺是合同订立的主要目的与影响合同订立的主要因素,则以合同实质性诱因身份进入合同;如果先期允诺涵盖合同主要条款或构成合同主给付义务的载体,则可视为要约内容;如果先期允诺关涉合同的存在或合同条款的有效性,则该先期允诺应当被采纳;如果先期允诺是产品销售的质量、数量的描述性陈述,可构成产品销售中的明示保证。

---

①　　§ 217 cmt. b.

第六章
先期允诺法律约束力认定的法律后果

　　人们对法律的最大期待,就是其内涵的正义所在。[1] 在合同法领域,合同或协议可以被视为分配预期收益或损失的协议。人们期待通过正当的程序将利益和损失在当事人之间进行合理分配,保障合同当事人在诚信、平等的基础上缔约和履约,并赋予违反允诺或合同的行为以可归责的法律后果,通过救济措施的谨慎设计以纠正错误。合同的缔结意味着双方当事人基于先前并不完全相同的利益而找到了共同点,通过使人们相互信赖并由此协调他们的行动从而有助于人们达到其私人目标。[2] 对允诺与合同的违反,破坏了双方的信任和合意,无论是否构成合同,其本身即具有法律上的可归责性与道德上的可非难性。

　　合同法律约束力是法律赋予合同对当事人的强制力,当事人如违反合同约定的内容,即产生相应的法律后果及责任的强制状态。[3] 当先期允诺构成合同内容,则应获得同合同文书同等的法律地位,无论是允诺人擅自变更该允诺,抑或是允诺人未按约定履行允诺,均应承担同违反合同文书相同的法律后果及责任。基于合同形态的区分,违反先期允诺的责任形态主要存在两种情形:即合同成立及合同未成立、无效或被撤销,其法律后果也应区分对待。

---

[1]　李永军:《合同法》,法律出版社 2004 年版,第 53 页。

[2]　[美]罗伯特・考特、托马斯・尤伦:《法和经济学》,史晋川等译,格致出版社、上海人民出版社 2012 年版,第 313 页。

[3]　参见赵旭东:《论合同的法律约束力与效力及合同的成立与生效》,《中国法学》2000 年第 1 期,第 80 页。

第一节 合同成立时的法律后果

先期允诺法律后果的判定过程中,不仅允诺人受意思表示拘束的程度是先期允诺法律约束力认定的重要考量因素,允诺人在做出允诺时意图的真假,允诺自身的效力形态,亦会影响先期允诺的法律约束力程度及救济方式。当合同成立时,先期允诺作为合同内容受到法律强制力的拘束,对于不履行允诺行为的法律后果,应结合当事人允诺时是否存在履行允诺的真实意图以及允诺自身的效力形态予以综合判定。

一、允诺真实时的法律后果

(一) 解除合同

《民法典》对于合同解除的规定包括第 562 条第 1 款①的合意解除,第 562 条第 2 款②的约定解除,以及第 563 条③规定的法定解除。先期允诺构成合同内容时,同合同文本具有同等法律约束力,可完全适用现行《民法典》对于合同解除的规定。需要注意的是,根据《民法典》第 563 条的规定,基于允诺人不遵守允诺而产生的法定解除权主要基于三种情况:(1)当事人在履行期限届满前明确表示或以自己行为表示不履行主要债务;(2)当事人一方迟延履行主要债务,经催告后在合理期限内仍未履行;(3)当事人一方迟延履行债务或者有其他违约行为致使不能实现合同目的。《民法典》就合同解除权行使的判断标准采"结果主义"标准,以违约及其后果的严重程度作为主要考量因素。无论是先期违约场合、迟延履行场合,都需要以"主要债务的违反"以及"合同目的不能实现"为基础条件。其中,"主要债务"需结合所违反的债务类型综合判断,

① 《民法典》第 562 条第 1 款 当事人协商一致,可以解除合同。
② 《民法典》第 562 条第 2 款 当事人可以约定一方解除合同的事由。解除合同的事由发生时,解除权人可以解除合同。
③ 《民法典》第 563 条 有下列情形之一的,当事人可以解除合同:(一)因不可抗力致使不能实现合同目的;(二)在履行期限届满前,当事人一方明确表示或者以自己的行为表明不履行主要债务;(三)当事人一方迟延履行主要债务,经催告后在合理期限内仍未履行;(四)当事人一方迟延履行债务或者有其他违约行为致使不能实现合同目的;(五)法律规定的其他情形。以持续履行的债务为内容的不定期合同,当事人在合理期限之前通知对方后可以解除。

通常包括违反主给付义务的情形,以及因违反导致受诺人合同目的落空、造成重大损失或危及作为合同基础的信赖关系的从给付义务及附随义务。① 至于"合同目的不能实现",则主要指实质上剥夺了当事人依合同有权期待的利益,其范围不限于订立合同所期待的经济利益。② 因此,前文提出的订立合同的实质性诱因,即客观的合同目的以及可确定的主观目的的违反也应构成根本违约。如果构成合同内容的先期允诺符合以上条件,则受诺人被赋予进一步解除合同的选择权。行使解除权的法律效果,根据《民法典》第 566 条的规定:未履行的债务,终止履行;已履行的债务,根据履行情况和合同性质,可要求恢复原状或采取其他补救措施,并有权要求赔偿损失。此处,损害赔偿的范围,本书赞同韩世远教授的主张,即"合同解除场合的损害赔偿,依然是违约损害赔偿,以履行利益(包括合同履行后可以获得的利益)为主,在不发生重复填补问题的前提下,也可以包括其他损害的赔偿,例如,信赖利益与固有利益"。③

(二)撤销合同

合同虽业已成立,但如果存在妨碍合意达成的错误,则法律行为将出现效力瑕疵。对此,《民法典》第 147 条规定:"基于重大误解实施的民事法律行为,行为人有权请求人民法院或者仲裁机构予以撤销。"对于重大误解的解释路径,学界日益倾向于采用"一元论"的解释立场,不再就意思表示错误与动机错误做出细致区分,而强调意思与实际是否一致的类型化错误思维。④ 事实上,

---

① 参见崔建远:《合同一般法定解除条件探微》,《法律科学》2011 年第 6 期,第 121-122 页。韩世远:《根本违约论》,《吉林大学社会科学学报》1999 年第 4 期,第 33 页。

② 在此,崔建远教授主张"因不履行允诺而获得法定解除权的情形通常是因不完全履行(严重)影响当事人订立合同所期望的经济利益"。参见崔建远:《合同一般法定解除条件探微》,《法律科学》2011 年第 6 期,第 126 页。本书认为,可借鉴《欧洲合同法原则》第 8-103 第 2 款"不履行实际上剥夺了受害方依合同有权期待的利益"以及《联合国国际销售公约》第 25 条"一方当事人违反合同的结果,如使另一方当事人蒙受损害,以至于实际上剥夺了他根据合同规定有权期待得到的东西,即为根本违反合同……",还有《国际商事合同通则》第 6.3.1 条第 2 款"确定未履约是否构成根本不履行时,应注意到以下重要情况:(A)不履行是否实质性地剥夺了受损方当事人根据合同有权期待的利益……"的规定,将合同目的不能实现扩张解释为当事人有权根据合同期待的利益。

③ 韩世远:《合同法总论》,法律出版社 2011 年版,第 539 页。

④ 参见冉克平:《民法典总则视野下意思表示错误制度的构建》,《法学》2016 年第 2 期;龙俊:《论意思表示错误的理论构造》,《清华法学》2016 年第 5 期;黄芬:《重大误解的解释论解析》,《社会科学战线》2019 年第 12 期;高一寒:《作为意思表示撤销原因的动机错误》,《华东政法大学学报》2022 年第 3 期等。

《民法典》第 147 条未承继原《中华人民共和国民法通则》第 59 条第 1 款第 1 项
将重大误解限定于"行为人对行为内容有重大误解"的规定,也可为重大误解
的"一元"解释论路径提供立法证成。

　　具体而言,构成重大误解需要满足三项条件:(1)民事法律行为业已成立。
此为成立重大误解的基本逻辑前提。(2)误解具有重大性。对于"误解重大性"
的界定,不宜按照最高人民法院关于贯彻执行《中华人民共和国民法通则》若干
问题的意见第 71 条①仅落足于"损失重大",而应将"损失重大"作为认定误解重
大性的辅助因素,同行为性质、标的物价格、标的物质量以及契约相对方的认识
错误等共同构成"重大误解"的基本要素条件。因为错误意思表示的撤销,旨在
为行为人错误的意思表达提供更正机会,而非弥补错误行为的损失,因此,将错
误的经济后果作为判断错误重大与否的标准,偏离了制度设定的初始轨道。②
(3)相对方的可归责性。亦即相对方是否对误解方的错误认识负有可归责性。
可归责性的判定,可依据相对方与误解方的可归责性进行双向的动态考评,选取
相对方的可归责性与误解方的可归责性强度进行协动,只有当相对方较之于误
解方可归责性强度更高时,方且允许意思表示被撤销。③

　　具体而言,在此基础上,当合同成立时,主要存在三种基于错误而可能产
生法律行为效力瑕疵的情形:其一,基于误解人自身原因产生的"单方错误"。
此种情形下,若允诺人抑或是受诺人存在重大误解,可主张撤销合同。其二,
由于相对人原因导致误解人对意思表示存在误解的"对方引起的错误",包括
允诺人知道或应当知道受诺人陷入错误而悖于诚信地未告知受诺人、允诺人
知道或应当知道受诺人陷于错误而利用了受诺人的误解状态。④ 此时,可视为
允诺人存在过错,受诺人可以存在重大误解为由主张撤销合同,受诺人可要求
返还财产(如给付),并要求允诺人根据《民法典》第 157 条对损害予以赔偿,此
种赔偿主要是基于信赖利益的赔偿。即赔偿权利人只能请求将法律状况恢复
到自己倘若没有信赖表示的效力本应处于的状况。⑤ 值得注意的是,如果受诺

---

　　① 《中华人民共和国民法通则》第 71 条:行为人因为对行为的性质、对方当事人、标的物的
品种、质量、规格和数量等的错误认识,使行为的后果与自己的意思相悖,并造成较大损失的,可
以认定为重大误解。

　　② 参见朱庆育:《民法总论》,北京大学出版社 2016 年版,第 276 页。

　　③ 参见黄芬:《重大误解的解释论解析》,《社会科学战线》2019 年第 12 期,第 200 页。

　　④ 参见韩世远:《重大误解解释论纲》,《中外法学》2017 年第 3 期,第 683 页;黄芬:《重大
误解的解释论解析》,《社会科学战线》2019 年第 12 期,第 199 页。

　　⑤ [德]维尔纳·弗卢梅:《法律行为论》,迟颖译,法律出版社 2013 年版,第 502 页。

方对其陷入错误存在重大过失,此时当事人不得主张撤销合同。其三,双方动机错误。当允诺人与受诺人在缔结合同时都以某种共同设想为出发点,但后来事实证明,这种设想是错误的,即形成双方动机错误。若任何一方当事人只要知道这种设想或期待是不正确的,就不会订立该合同,或不会以此种内容订立合同,即构成主观行为基础障碍。① 此时,可适用《民法典》第147条认定为双方动机错误并撤销合同,并适用于过失不实陈述情形。

此外,适用情势变更以变更或解除合同。当双方当事人在意思形成阶段发生认识错误的情形,根据合同的意义(本旨),它们的发生或持续存在是合同存在的先决条件,而无论当事人有没有意识到这一点,此时都构成客观行为基础障碍。② 此时可适用《民法典》第533条的情势变更原则允许当事人变更或解除合同。

(三)履行合同与损害赔偿

如果构成合同的先期允诺不履行或履行不符合约定,但并未满足合同解除或撤销的条件,受诺人虽无法要求解除或撤销合同,但可根据《民法典》第577条③的规定,要求允诺人承担继续履行、采取补救措施或者赔偿损失等违约责任。就强制履行而言,根据《民法典》第583条④,如因违约造成非违约方固有利益的损失,对该损失,受诺人可在主张强制履行的同时,请求损害赔偿。就赔偿损失而言,受诺人可依《民法典》第585条第1款⑤承担约定赔偿责任;也可根据《民法典》第584条第1款⑥要求承担法定赔偿责任。此处的赔偿责任范围,包括期待利益损失赔偿,即《民法典》第584条规定的"合同履行后可

---

① 参见杨代雄:《法律行为论》,北京大学出版社2021年版,第296-298页。

② 参见[德]卡尔·拉伦茨:《德国民法通论》,法律出版社2013年版,第541页。

③ 《民法典》第577条 当事人一方不履行合同义务或者履行合同义务不符合约定的,应当承担继续履行、采取补救措施或者赔偿损失等违约责任。

④ 《民法典》第583条 当事人一方不履行合同义务或者履行合同义务不符合约定的,在履行义务或者采取补救措施后,对方还有其他损失的,应当赔偿损失。

⑤ 《民法典》第585条 当事人可以约定一方违约时应当根据违约情况向对方支付一定数额的违约金,也可以约定因违约产生的损失赔偿额的计算方法。约定的违约金低于造成的损失的,人民法院或者仲裁机构可以根据当事人的请求予以增加;约定的违约金过分高于造成的损失的,人民法院或者仲裁机构可以根据当事人的请求予以适当减少。当事人就迟延履行约定违约金的,违约方支付违约金后,还应当履行债务。

⑥ 《民法典》第584条 当事人一方不履行合同义务或者履行合同义务不符合约定,造成对方损失的,损失赔偿额应当相当于因违约所造成的损失,包括合同履行后可以获得的利益;但是,不得超过违约一方订立合同时预见到或者应当预见到的因违约可能造成的损失。

以获得的利益";同时也包括《民法典》第 583 条规定的其他损失赔偿。例如,在违约损害赔偿场合,债权人也可以选择主张以信赖利益损失赔偿代替履行利益损失赔偿。① 此种做法主要基于受损害一方当事人难以证明期待利益损失的确定数额,包括标的物价格、利润损失以及可得利益损失等,而以信赖利益为标准计算损害赔偿。② 此外,由于我国合同法违约责任归责原则适用严格责任原则,瑕疵担保责任同债务不履行责任在规则原则上的显著区分已然淡化,瑕疵担保责任已违约责任化,纳入违约责任的范畴而丧失固有的独特性。③ 因此,产品销售过程中明示保证的违反同样适用违约责任的规定。

二、允诺虚假时的法律后果

(一)撤销合同

对于虚假允诺所产生的法律后果,区分允诺人是否为故意。如若允诺人故意提供虚假允诺,影响受诺人订立合同的动机,则受诺人有权根据《民法典》第 148 条④的规定,基于合同欺诈行使合同撤销权。此时,应具备以下条件:(1)当事人做出的虚假允诺必须出于"主观的故意"。此处的故意,既包括欺骗他人、欲使他人陷入错误的故意,也包括欲使相对人因错误而做出一定的意思表示的故意。⑤ (2)允诺人做出虚假允诺。就行为而言,有学者认为,欺诈须与事实有关,唯有对可客观检验的事实做虚假允诺始可构成,主观评价与对将来事实的表述均不构成欺诈的基础。⑥ 本书认为,此种观点尚值得商榷。就前者而言,主观评价如果该评价能够核实,特别是评价方对所述评价事项具有或者声称其具有某种特殊知识和技能,也可被视为允诺。例如,Esso Petroleum

---

① 韩世远:《合同法总论》,法律出版社 2011 年版,第 621 页。

② 参见马新彦:《信赖与信赖利益考》,《法律科学》2000 年第 3 期,第 83 页;韩世远:《违约损害赔偿研究》,法律出版社 1998 年版,第 481 页。

③ 参见韩世远:《合同法总论》,法律出版社 2011 年版,第 594 页。

④ 《民法典》第 148 条 一方以欺诈手段,使对方在违背真实意思的情况下实施的民事法律行为,受欺诈方有权请求人民法院或者仲裁机构予以撤销。

⑤ 参见韩世远:《合同法总论》,法律出版社 2011 年版,第 187 页。

⑥ 参见冉克平:《论汽车经销商的缔约欺诈及惩罚性赔偿》,《广东社会科学》2020 年第 2 期,第 242 页。

Co Ltd v Mardon①案,法院认为加油站员工对于潜在生产量的预估可被视为允诺。就后者而言,如果能证明允诺人做出允诺时,存在不履行允诺的意图,该具体允诺也可构成虚假允诺。美国法上的允诺欺诈原则(Doctrine of Promissory Fraud)即为此类情形的有力佐证。虽然欺诈通常涉及事实允诺,但根据允诺欺诈原则,如果允诺人做出允诺时,存在不履行允诺的意图,则该允诺是欺诈性的。② (3)虚假允诺与受诺人的意思表示存在因果关系。换言之,先期允诺影响了受诺人订立合同的动机。因果关系可采"理性人推定"方法,即如经证明,允诺人为诱使受诺人订立合同,向原告作了一项陈述,其性质相当可能诱使一人订立合同,如果证明原告确实订立了合同,那么可以公平地推论出:事实上原告是被该陈述诱使订立合同。但如果一个陈述并不能诱导一个理性人订立合同,则能做出以上推断,但是在这种情况下,如果受诺人能够证明他确实受到允诺的诱导,则他将有权获得救济。③ 如果该虚假允诺影响受诺人订立合同的动机,受诺人行使撤销权后,还可要求欺诈人返还根据本合同从对方获得的利益或返还对方已交付的财产,并要求赔偿相应损失。由于当事人的损失是由于相比于合同不存在的"合同实际存在"而导致的,受损人应当被放置于如果合同未达成时他的状态,因此,损失赔偿应当主要包括固有利益损失或信赖利益损失。此外,如果该合同为消费合同,则受诺人还可依据

---

① 具体案情:埃索(Esso)在一条繁忙的主要街道上发现了一个地点,它认为该地点适合修建加油站。一位经验丰富的员工估计,加油站的汽油产量在运营的第三年将达到 20 万加仑。但规划局拒绝批准前院和水泵设在主要街道上,要求它们必须设在房地的后方,那里只有小路能进入。M 申请租用加油站。他同一位经验丰富的员工进行了会谈,该员工给予他同样汽油产量的估计,但并未考虑加油站现在设置在房地的后方。基于对该估计的信赖,M 租用了加油站三年。尽管他尽了最大努力,但该工厂的生产量仍不足以达到 60 000 至 70 000 加仑。在埃索提出的应付汽油费诉讼中,M 就违反附带保证提出反诉,要求损害赔偿。上诉法院驳回了关于"预估不能构成保证,因为它只是一个预测或意见"的观点,认为关于潜在的生产量的陈述相当于一项附属保证——不是说埃索保证生产量能达到 20 万加仑,而是说应该保证该预测具备合理的谨慎和能力(Reasonable Care and Skill)。由于埃索基于过失而在给予 M 的预测中犯了"致命的错误",并因此获得了租约,他们有责任向 M 支付违约赔偿金。[1976] QB 801。

② See Melvin A. Eisenberg, *Foundational Principles of Contract Law* (Oxford: Oxford University Press, 2018), p.544.

③ Muse prime Properties Ltd v Adhill Properties Ltd (1991) 61 P & CR 111, 124.

《消费者权益保护法》第 55 条①主张惩罚性赔偿。

此外,如果虚假允诺非属允诺人故意做出,而是基于允诺人过失所导致的结果,即为过失性不实陈述。基于合同欺诈对于当事人主观样态的要求,过失不能构成合同欺诈。但"过失性不实陈述"值得保护,并存在比较法上的先例。英国法将虚假陈述分为欺诈性虚假陈述、过失性虚假陈述和善意的误述(Innocent Misrepresentation),在过失性虚假陈述的情况下,要求允诺人承担过失侵权责任。② 德国对于"过失欺诈"可依据《德国民法典》第 311 条第 2 款要求承担缔约过失责任,或作为物及权利瑕疵问题处理。日本虽不承认过失欺诈,但将其作为违反说明义务或情报提供义务的损害赔偿请求权问题,依据缔约过失或者侵权行为的法理处理。③ 本书认为,可以将"过失性不实陈述"借助重大误解的解释论层面予以规制。即由于相对人对于错误产生的积极作用及相对人对于错误的可归责性,如果受诺人对该虚假允诺构成"重大误解",则受诺人享有撤销合同的请求权,并可主张允诺人对其损害予以赔偿,此处的责任范围主要为信赖利益损失赔偿。

(二) 损害赔偿

如果该虚假允诺未构成合同欺诈或重大误解,受诺人无法主张撤销合同,或受诺人依旧主张继续履行合同,此时损害赔偿的量化重点可立基于瑕疵履行的非法行为造成的损害主张赔偿责任,就违约责任或就因信赖虚假陈述导致的损失要求损害赔偿,具体包括两种情形:(1)该虚假陈述虽然影响受诺人订立合同的动机,但受诺人选择继续履行合同。适当的损害赔偿措施是将原告置于他在没有订立合同的情况下本应处于的状况;损害赔偿的量化需要将给付价值与对待给付的价值进行比较。给付价值超过对待给付的价值,原告受到损害;对待给付的价值等于或大于给付价值,原告没有受到损害。因此,

---

① 《消费者权益保护法》第 55 条 经营者提供商品或者服务有欺诈行为的,应当按照消费者的要求增加赔偿其受到的损失,增加赔偿的金额为消费者购买商品的价款或者接受服务的费用的三倍;增加赔偿的金额不足五百元的,为五百元。法律另有规定的,依照其规定。经营者明知商品或者服务存在缺陷,仍然向消费者提供,造成消费者或者其他受害人死亡或者健康严重损害的,受害人有权要求经营者依照本法第四十九条、第五十一条等法律规定赔偿损失,并有权要求所受损失两倍以下的惩罚性赔偿。

② See Sir Jack Beatson, Andrew Burrows, John Cartwright, *Anson's Law of Contract* (Oxford: Oxford University Press, 2010), p.307-310.

③ 韩世远:《合同法总论》,法律出版社 2011 年版,第 187 页。

买方必须首先证明合同价格高于市场价格或产品价格。① （2）该陈述并未影响受诺人订立合同的动机，而只是影响了合同条款，导致合同条件不利。受损害方的损失在于现有合同的内容不符合其预期，表意人必须对他的表示承担责任。② 在这种情况下，计算的不是给付与对待给付价值之间的比较，而是给付价值与假定的给付价值之间的比较——也就是说，在没有该允诺的情况下原告本应同意的履约。③ 此时，计算损害赔偿金的最普遍方法是计算原告本应支付或提供的（在没有虚假陈述的情况下）与他被诱导支付的（由于虚假陈述）之间的价格差。④

第二节　合同未成立时的法律后果

合同成立是合同责任与缔约过失责任的分界线。当事人为缔结契约而解除、准备或磋商时发生的各种说明、告知、保密、保护等其他义务，学说上称为先合同义务，违反先合同义务的，构成缔约过失责任或先合同责任。⑤ 合同前谈判和订立阶段当事人同样应当严格履行诚实信用义务，诚信磋商，并对悖于诚信磋商所造成的损失承担责任，已成为各国立法的共识。《欧洲合同法原则》及《国际商事合同通则》都有类似规定。⑥ 因此，在合同未订立场合下，如

---

① Adri Du Plessis, "Pre-Contractual Misrepresentation, Contractual Terms, and the Measure of Damages when the Contract Is Upheld", 125 *The South African Law Journal* （2008）413：p.414.

② ［德］卡尔·拉伦茨：《德国民法通论（下册）》，王晓晔等译，法律出版社2013年版，第527页。

③ Adri Du Plessis, "Pre-Contractual Misrepresentation, Contractual Terms, and the Measure of Damages when the Contract Is Upheld", 125 *The South African Law Journal* （2008）413：p.415.

④ Adri Du Plessis, "Pre-Contractual Misrepresentation, Contractual Terms, and the Measure of Damages when the Contract is Upheld", 125 The South African Law Journal （2008）413：p.436.

⑤ 王泽鉴：《债法原理》，北京大学出版社2009年版，第87页。

⑥ 《欧洲合同法原则》第2:301条:悖于诚信的磋商（一）当事人有磋商自由，对没有达成合意不负责任。（二）但如果一方当事人所为磋商或终止磋商有悖于诚实信用，则要对给对方当事人造成的损失负责。（三）一方当事人在没有真实意图与对方当事人达成合意的情况从事磋商或继续进行磋商，则为有悖于诚实信用。《国际商事合同通则》第2.1.15条:（1）当事人可自由进行谈判，并不因未达成协议而承担责任。（2）但是，一方当事人如果恶意进行谈判或恶意终止谈判，则应对因此给另一方当事人所造成的损失承担责任。（3）恶意，特别是指一方当事人在无意与对方达成协议的情况下，开始或继续进行谈判。《国际商事合同通则》第2.1.17条:若一个书面合同中载有的一项条款，表明该合同包含了各方当事人已达成一致的全部条款，则此前的陈述或协议均不能作为证据对抗或补充该合同。但是，该等陈述或协议可用于解释该书面合同。

果允诺人因其过错造成对方当事人遭受损害,则允诺人应当承担缔约过失责任,对受害方的损失予以赔偿。此处的过失,既包括中断谈判本身,也包括谈判过程中的虚假陈述。由于缔约过失责任主要关注谈判没有产生合同的情况下,受诺方受挫的期望如何得到补偿。因此,通常认为,缔约过失所造成的损失是当事人的信赖利益损失,即对合同或要约赋予了信赖的一方当事人所固有的,因信赖可能或已经受到损失的利益,包括财产利益和机会利益。①

小　结

当先期允诺构成合同内容时。第一,合同成立,允诺真实。如果违反允诺满足合意解除、约定解除,以及法定解除条件,受诺人可要求解除合同,并主张损害赔偿,赔偿范围以期待利益为主,在不发生重复填补问题的前提下,也可以包括信赖利益与固有利益。如果违反允诺未满足合同解除的条件,受诺人也可根据《民法典》第577条的规定,要求允诺人承担继续履行、采取补救措施或者赔偿损失等违约责任,赔偿责任范围,包括期待利益损失赔偿及其他损失赔偿。第二,合同成立,允诺虚假。如果该虚假允诺影响受诺人订立合同的动机,则受诺人有权基于合同欺诈行使合同撤销权,并要求欺诈人返还根据本合同从对方获得的利益或返还对方已交付的财产,并要求赔偿相应损失,此处的损失范围应当主要包括固有利益损失或信赖利益损失。在消费合同场景下,受诺人还可依据《消费者权益保护法》第55条主张惩罚性赔偿。如果该虚假允诺未构成合同欺诈,则受诺人无法主张撤销合同,但可主张违约责任或就因信赖允诺导致的损失要求损害赔偿。第三,合同未成立。如果允诺人因其过错造成对方当事人遭受损害,则允诺人应当承担缔约过失责任,对受害方的损失予以赔偿。通常认为,缔约过失所造成的损失是当事人的信赖利益损失。

合同内容并非都来自当事人明示或默示的合意,无论是"责任爆炸"抑或是"契约死亡"的惊呼,恰恰验证了合同当事人所负担的债务远远超出了其自律的范围,合同中充满了他律的成分。② 合同责任大小取决于所产生的合理预期值的多少,取决于允许对这种合理的预期值的实现进行阻挠是否公平,取决于社会政策对交易的影响。③ 因此,允诺的执行不仅以意思自治为基础,还应

① 马新彦:《信赖与信赖利益考》,《法律科学》2000年第3期,第77页。
② 参见解亘:《我国合同拘束力理论的重构》,《法学研究》2011年第2期,第83页。
③ ［美］罗纳德·波斯顿:《美国合同法的当前发展趋势》,张礼洪译,《外国法译评》1995年第1期,第71页。

当以是否符合交换正义为基本向度。如果允诺人不遵守诺言,在当事人之间导致了不公平,即违背了交换正义,也应对其予以规制,以实现允诺与对应允诺或对待履行之间的对等和均衡。因此,对于实践中存在的大量未构成合同内容而不具有合同法律约束力的先期允诺,应当以公平正义作为法律应否介入的核心标准。换言之,只有在为了阻止或补偿不法行为造成的严重损害而必须运用强制的情况下,法律制度才应当介入对违反道德义务的当事人施加强制。① 具体体现为三种情形:第一,如果受诺人已经为该允诺支付对价,或者说该允诺事实上赋予了另一方利益,受诺人有权主张不当得利返还。第二,如果受诺人已对允诺产生了可预见的、合理的、有害的信赖,受诺人可就该信赖主张损失赔偿。第三,如果受诺人基于允诺人的虚假承诺遭受损害,则可向允诺人主张损害赔偿,对于允诺人做出的超出其自身能力范围的允诺的规制,亦属此类范畴。

---

① 参见亨利·马瑟:《合同法与道德》,戴孟勇、贾林娟译,中国政法大学出版社 2004 年版,第 16-17 页。

第七章
合同解释视域下先期允诺的法律约束力

先期允诺法律约束力的具体形态界定，是先期允诺制度的适用核心，为制度的适用提供确定性的司法裁判指引。由此确保当事人能够有效地理解那些具有执行力和不具有执行力允诺之间的明确区分，并进而进行合乎理性的行为。[①] 先期允诺的法律约束力，并非局限于现行法规定的构成合同内容的先期允诺的法律约束力，能够对合同做出解释，确定合同所用之词与符号含义的先期允诺同样应当具有法律约束力。

第一节　先期允诺的合同解释约束力来源

合同解释是提取合同含义、确定当事人实际意图的过程。此处的合同解释，主要为关于书面文书中所载条款含义的解释，而非推释。[②] 法院在合同解释争端中不再拘泥于书面文书，而是逐步拓宽合同解释可用信息的边界，以探求"当事人的真实理解"，这已成为日益占据主导地位的解释立场。《民法典》第 142 条即规定"应当结合相关条款、行为的性质和目的、习惯以及诚信原则，确定行为人的真实意思"。鉴于合同谈判对合同解释的重大意义，先期允诺作为还原合同订立语境的重要组成部分，应当允许被引证以辅助解释合同，从而

---

①　Lon L. Fuller, *Consideration and Form*, *Columbia Law Review*, Vol. 41：799, p. 800-803 (1941).

②　合同解释主要指对表达符号（文句和行为）的解释，推释是在对合同语义解释的基础上，确定合同的法律效果。See Arthur L. Corbin, *Corbin on Contracts*, West Publishing Company, 1960, p.432.

探求合同当事人的实际意图,具体理由如下:

首先,合同解释的实质目标是保护当事人的真实意图。二十世纪下半叶,伴随着古典主义契约法的衰落,解释法也逐渐从僵化、迷信的形式主义走向灵活的理性主义。① 合同解释的目标取向逐渐从"了解合同"转换为"发现、执行当事方的实际意图"。合同文本和语境共同构成当事人关系的渊源和尺度,因此,合同语言的意义并非仅来源于合同的文本,亦基于订立合同的特定背景和语境。"没有任何一个合同是在真空中订立的,合同的订立总有其特定的背景。"②不参考合同的语境而进行解释注定是徒劳的。结合文义的语境进行的解释,也是文义解释的重要依据之一。先期允诺可为确定言内语境、言伴语境、言外语境提供重要的判定依据。③

其次,先期允诺(先期谈判证据)是确定当事人实际意图的直接来源。先期谈判是合同订立的"起源",代表了合同订立时或合同订立前双方当事人已知的事实背景,因此能够为合同解释提供大量已知事实背景,对于确定合同解释的合理性具有重要意义。④ 合同解释本身应是一个包容性而非排他性的过程。⑤ 先期谈判往往是最直接和最相关的背景,排除先期谈判的证据,对合同背景的了解是不完整的。⑥ 假设一种常见情境:合同文书中的语言在该语境中具有两种以上的含义,而双方当事人在先期谈判中以允诺形式商定了该词语的具体含义。此时,放弃代表当事人共同理解的证据显然是有悖常理的。

再次,承认先期谈判证据的解释效力是保护不成熟当事人免受剥削的重要手段。现代合同法开始正视交易双方地位不平等给弱势方带来的欺诈和剥削风险。正如罗杰·特雷纳(Roger Traynor)法官所言:"主张口头协议而反对书面文书的当事人往往是经济上的弱者,如果强制执行书面文书,就会面临严重困难的威胁。"⑦完全排除先期的外部证据可能会给合同起草方利用书面文

---

① See John Henry Wigmore, *A Treatise on the Anglo-American System of Evidence in Trials at Common Law*, Little Brown and Company, 1940, p.224-227.

② [1976] 3 All ER 570, p 574.

③ 参见王利明:《法律解释学》(第 2 版),中国人民大学出版社 2016 年版,第 143 页。

④ See David McLauchlan, *Contract Interpretation: What is it about*, Sydney Law Review, Vol.31:3, p.14 (2009).

⑤ Catherine Mitchell, *Interpretation of Contracts*, Routledge-Cavendish, 2007, p.2.

⑥ David McLauchlan, *Contract Interpretation: What is it about*, Sydney Law Review, Vol.31:3, p.31 (2009).

⑦ Masterson v. Sine, 436 P.2d 561, 564 (Cal. 1968).

书排除先期允诺责任以可乘之机。中国现行市场经济的高度发展并未推动参与市场经济的市场主体的法律意识和法律能力达致相匹配的应有状态。通过事后对背景的审查，法院可以监测某些条款简化为书面文书的过程，从而保护不成熟的当事人不受难以发现的剥削形式的影响，是为对不成熟当事人进行保护的有力举措。①

最后，承认先期谈判证据的解释效力是同国际商事交易实践接轨的必要途径。跨国经济交往中，法律概念的协调是商业交流跨国化的重要保证。《联合国国际货物销售合同公约》第 8 条第 3 款规定："在确定一方当事人的意图或一个理性人本应达成的协议时，应适当考虑该案件的所有相关情况，包括谈判、双方之间确立的任何习惯做法、惯例和双方随后的任何行为。"《国际商事合同通则》第 4.3 条规定："在适用本章第 4.1 条②和 4.2 条③时，应考虑到所有情况，包括：（a）当事人的初期谈判……。"因此，如果不承认先期谈判的解释效力，势必会产生先期谈判的证据可以用于解释国际销售合同，但不可以用于解释其他销售合同的悖论。

第二节　先期允诺解释合同条款的具体情形

一、解释合同文本

先期允诺可以在合同文本出现歧义或含混不清时，用以证明当事人在书面协议中所用词语的含义。体现为合同中存在模棱两可的词或短语，不同于字面理解意义的词或短语，或同一文书中存在相互矛盾的词或短语。此时，先

---

① Ronald J. Gilson；Charles F. Sabel；Robert E. Scott, *Text and Context：Contract Interpretation as Contract Design*，Cornell Law Review，Vol.100：23，p.38（2014）.

② 《国际商事合同通则》第 4.1 条规定："（1）合同应根据当事人各方的共同意思予以解释。（2）如果该意思不能确定，合同应根据一个与各方当事人具有同等资格的、理性的人在处于相同情况下时，对该合同所应有的理解来解释。"

③ 《国际商事合同通则》第 4.2 条规定："（1）一方当事人的陈述和其他行为应根据该当事人的意思来解释，但要以另一方当事人已知或不可能不知道该意思为条件。（2）如果前款不适用，该等陈述和其他行为应根据一个与另一方当事人具有同等资格的、理性的人在处于相同情况下时，对该陈述和行为所应有的理解来解释。"

期谈判的证据可作为合同的"事实背景",用以澄清争议合同中的语言含义。[①]其一,如果当事各方在先期谈判中就合同的词语或条款的含义达成了协议或达成了共识而赋予其商定的意义,法院应当允许采纳先期谈判的证据以解释合同文本的意义。法院的任务是使该意思生效,而不管表面上这些词语是否含混不清。[②] 因为这是一个理性人在寻找确定双方对词语合理理解的含义时所采用的方法。[③] 其二,如果先期允诺能够使法官将其自身置于与执行契约前当事人所在相同的事实矩阵中,此时先期允诺应当予以采纳以帮助法官重塑合同法律关系。这是基于,合同解释的目标是控制人类行为,即缔约方的行为。

因此,在确定和解释合同条款时,法院应尊重缔约方的"合理期待"。[④] 与交易有关的环境因素,包括书面文件、口头陈述、双方表现其意思的行为以及双方缔约前的谈判活动和交易过程、履行过程或惯例都是重塑当事人决定背景的"事实矩阵"。合同解释对意义的确定,需要法官在具有相同背景知识的情况下评估当事方的合理期待。需要注意的是,先期允诺的内容同合同文书不存在冲突,同合同文书共同发挥约束力。如果先期允诺的内容同合同文书内容不一致甚至相冲突,此时不允许先期允诺对合同文书进行修正。

二、填补合同漏洞

合同订立中当事人往往在若干条款上表示同意,但就一些条款可能会未经考虑或未予书面表达,这虽不一定妨碍可执行合同的存在,但可能存在合同不完整的空白,即以现有合同条款无法确定双方当事人的权利义务的情形,此时,先期允诺可作为填补合同漏洞的辅助工具,填补不完全完整的书面合同的空白。例如,双方就货物销售达成协议,而未规定交货时间、地点或付款时间,此时,如果存在双方在签订合同前商定了确定的付款和交货时间或交货地点的允诺,该允诺应当具有法律约束力。此外,合同对法律通常默示条款的事项

---

① See G. H. Treitel, *The Law of Contract*, Sweet & Maxwell, 2003, p.197.

② David McLauchlan, *Contract Interpretation: What Is It About*, Sydney Law Review, Vol.31: 3, p.24 (2009).

③ [2007] EWHC 409 at [32].

④ F. A. Farnsworth, " *Meaning" in the Law of Contracts*, Yale Law Journal, Vol.76: 939, p.942 (1967).

未做规定的,可以提供口头证据支持或者反驳通常的默示条款。①　需要强调的是,作为填补合同漏洞的先期允诺主要为合同的非必要条款,因为进行合同漏洞填补作业的前提在于,合同漏洞的存在不影响合同的成立,亦即"合同漏洞为合同的非必要之点"②。同时,用于填补合同漏洞的先期允诺应当同合同内容一致,与书面合同内容矛盾的证据不能用于填补漏洞。

第三节　先期允诺解释合同条款时的法律后果

如萨维尼所言,解释的目的是"再现无生命的字符所记载的有生命的思想"③。合同解释为法官全面、准确地理解当事各方义务和关系、探求当事各方意图提供了助益,是法官平衡多重因素,达致公平正义的重要手段。合同解释作业既是为了获得对合同的"了解",也是为了确定一个具有重要意义的终结点:合同双方相互承担了哪些义务?④　因此合同解释的法律后果涉及两个主要层面:确定合同语言的意义;评估合同关系、厘清双方法律义务并确定法律责任承担。

一、解释合同文本时的法律后果

先期允诺允许予以解释合同文本主要基于当时对合同文本的理解有争议的情况下,例如,合同文本出现模棱两可、不确定或荒谬的情况。通常情况下,先期允诺解释合同文本主要基于三类情况:(1)当事人在先期谈判中达成共识,赋予合同词语、条款以商定意义;(2)当事人在先期谈判中,未就该先期允诺达成共识,但该允诺对于解释合同歧义和不确定具有解释效力;(3)先期允诺作为合同的订立背景,能够为法院判定当事人的真实意图提供影响理性人理解文书语言的"事实矩阵"。合同文本的解释本身为确定合同词语、条款及当事人意图的作业过程,其法律约束力来源在于是否经由合同解释作业创设

---

① G. H. Treitel, *The Law of Contract*, Sweet & Maxwell, 2003, p.195.

② 王泽鉴:《债法原理》,北京大学出版社 2009 年版,第 217 页。

③ [德]弗里德里希·卡尔·冯·萨维尼:《当代罗马法体系 I》,朱虎译,中国法制出版社 2011 年版,第 244 页。

④ Catherine Mitchell, *Interpretation of Contraets* (New York & London: Routledge-Cavendish, 2007), p.7.

为合同增设特定法律义务。如若先期允诺在解释合同文本过程中,基于解释作业而创设特定法律义务,例如,经由先期允诺对于合同文本的解释,明晰或增设了合同义务,则该义务本身经由先期允诺对合同文本的解释获得法律约束力,当事人应依据义务内容履行义务,否则受诺人可要求强制履行、损害赔偿或解除合同。当先期允诺作为合同解释的辅助工具,仅为明晰合同文字、条款的含义,未由此创设法律义务的情况下,先期允诺对合同文本的解释不产生具有强制力的法律后果。

二、填补合同漏洞时的法律后果

《民法典》第五百一十条①规定了合同约定不明时所允许的法律补救措施。当合同未约定或约定不明的情况下,先期允诺可以作为填补合同漏洞的辅助工具,填补不完全完整的书面合同的空白。通常情况下,法官在进行合同漏洞填补作业时,可先要求当事人对该漏洞内容予以协议补充。因此,如果当事人在合同订立前的允诺涉及需合同中填补的漏洞内容,且双方对此允诺达成合意,则可以借由该允诺解释合同,填补合同漏洞。如若当事人在先期谈判中未就其允诺达成一致,但该先期允诺能够发生填补合同空白的功能,则法官亦可将先期允诺作为填补合同漏洞的工具。

应当看到,进行合同漏洞填补作业的前提在于,合同漏洞的存在不影响合同的成立,亦即"合同漏洞为合同的非必要之点"②。因为,如果合同的必要条款出现漏洞,则可能因为该条款的欠缺而导致合同不能成立。在合同根本不成立的情况下,也就不存在所谓的合同漏洞问题,更无进行合同漏洞填补作业的必要,因此,填补漏洞的主要为合同的非必要条款。③ 由此,对于以填补漏洞进入合同内容的先期允诺的违反,受诺人可以主张违约责任,但原则上不能要求解除合同,可主张强制履行,或就因允诺人行为造成的损失主张损害赔偿。需要注意的是,为此目的而接受的先期允诺并不改变或与书面文书相矛盾;它只是使法院能够通过添加书面文书中根本没有表达的内容来填补。

当先期允诺解释合同条款时。第一,如若先期允诺在解释合同文本过程

---

① 《民法典》第五百一十条:合同生效后,当事人就质量、价款或者报酬、履行地点等内容没有约定或者约定不明确的,可以协议补充;不能达成补充协议的,按照合同相关条款或者交易习惯确定。

② 王泽鉴:《债法原理》,北京大学出版社 2009 年版,第 217 页。

③ 王利明:《合同法研究》(第一卷),中国人民大学出版社 2002 年版,第 421 页。

中,基于解释作业而创设特定法律义务,则该义务本身经由先期允诺对合同文本的解释获得法律约束力,当事人应依据义务内容履行义务,否则受诺人可要求强制履行、损害赔偿或解除合同。第二,如若先期允诺用以进行合同漏洞填补作业。对于以填补漏洞进入合同内容的先期允诺的违反,受诺人可以主张违约责任,但原则上不能要求解除合同,可主张强制履行,或就因允诺人行为造成的损失主张损害赔偿。

小　结

双方当事人在合同订立前达成的交易意向、谈判纪要、合同草案、往来函件或数据电文等交易材料体现了双方当事人交易意思的沟通与磨合过程,包含了意思表示的发生史,可作为交易情景以帮助理解处于相对人位置的理性人的意思表示含义。[①] 在合同文本出现歧义或含混不清时,先期允诺可用以证明当事人在书面协议中所用词语的含义,还可作为填补合同漏洞的辅助工具,填补不完全完整的书面合同的空白。当先期允诺解释合同条款时,如若先期允诺在解释合同文本过程中,基于解释作业而创设特定法律义务,则该义务本身经由先期允诺对合同文本的解释获得法律约束力;如果先期允诺在进行填补合同漏洞作业时,违反该内容仅可主张违约责任,原则上不可要求解除合同,可主张强制履行或损害赔偿。

---

① 杨代雄:《意思表示解释的原则》,《法学》2020 年第 7 期,第 54 页。

结 语

　　合同法的角色不在于执行行为规范或实现政策规划,而是为意思自治提供"自由之轨"。① 决定合同严守与合同正义之间张力程度的是合同文本中是否载有当事人完整的真实合意。换言之,只有当合同是基于双方当事人真正合意的情况下,合同自由方且值得被保护。20世纪合同当事人交易能力的差距使得法律需要介入交易以确保交易的公正,阻止或补偿违诺行为对受诺人造成的严重损害。对先期允诺法律约束力的承认,是以公平正义为契约自由,重新构筑了安全防线。先期允诺在民法典体系中的身份应当是合同编的一般性规范。对先期允诺的规范可适用意思表示解释理论,通过增设特定的适用条件,即受诺人的重大信赖基础,作为推定允诺人受意思表示约束的特殊情形。接纳先期允诺的法律约束力,并不在于强迫允诺人执行允诺来避免违诺行为;相反,其是通过救济被允诺人的方式来纠正违诺行为。赋予先期允诺以法律约束力,并不会造成对既有法律政策或法律价值的实定冲突,反而会对法律秩序体系产生修正效果。

　　履践允诺是维持社会存续的基本正义法则。② 电子商务时代,民法肩负着为这个虚拟的陌生世界重建信任的责任。接纳先期允诺,对合同前的合意施与平等的关照,为法官甄别、筛选先期谈判的证据提供准确具体的指引,是现代民法精神与自治性格的应有之义。

---

① 参见[德]托马斯·莱塞尔:《法社会学基本问题》,王亚飞译,法律出版社2014年版,第196-197页。

② 参见[英]休谟:《人性论》(下册),关文运译,郑之骧校,商务印书馆1996年版,第581-582页。

参考文献

［1］博登海默.法理学：法律哲学与法律方法.邓正来，译.北京：中国政法大学出版社,2017.

［2］彼得罗·彭梵得.罗马法教科书.黄风，译.北京：中国政法大学出版社，2005.

［3］崔建远.合同法总论.北京：中国人民大学出版社,2011.

［4］陈融.解读约因：英美合同之效力基石.北京：法律出版社,2011.

［5］陈永强.民法学说与比较民法.北京：法律出版社,2017.

［6］迪特尔·梅迪库斯.德国债法总论.杜景林，卢谌，译.北京：法律出版社，2004.

［7］戴维·斯劳森.有约束力的允诺：20世纪末合同法改革.杨秋霞，译.北京：知识产权出版社,2018.

［8］方新军.现代社会中的新合同研究.北京：中国人民大学出版社,2005.

［9］冯·巴尔主编.欧洲私法的原则、定义与示范规则：欧洲示范民法典草案.高圣平等，译.北京：法律出版社,2014.

［10］弗里德里奇·凯斯勒,格兰特·吉尔摩,安东尼·T·克朗曼.合同法：案例与材料.屈广清，译.北京：中国政法大学出版社,2004.

［11］弗里德利希·冯·哈耶克.法律、立法与自由.邓正来等，译.北京：中国大百科全书出版社，2000.

［12］弗里德里希·卡尔·冯·萨维尼.当代罗马法体系 I.朱虎，译.北京：中国法制出版社，2011.

［13］弗朗西斯·福山.信任：社会美德与创造经济繁荣.郭华，译.桂林：广西师范大学出版社,2016.

[14] 哈罗德·伯尔曼.法律与革命.贺卫方等,译.北京:中国大百科全书出版社,1993.

[15] 海因·克茨.欧洲合同法.周忠海等,译.北京:法律出版社,2001.

[16] 胡果·格劳秀斯.战争与和平法.A·C·坎贝尔英译,何勤华等,译.上海:上海人民出版社,2017.

[17] 亨利·马瑟.合同法与道德.戴孟勇,贾林娟,译.北京:中国政法大学出版社,2004.

[18] 韩世远.合同法总论.北京:法律出版社,2011.

[19] 胡启忠.契约正义论.北京:法律出版社,2007.

[20] 盖尤斯.法学阶梯.黄风,译.北京:中国政法大学出版社,1996.

[21] 郭建宁.社会主义核心价值观基本内容释义.北京:人民出版社,2014.

[22] 格兰特·吉尔莫.契约的死亡.北京:中国法制出版社,2005.

[23] 江帆,孙鹏.交易安全与中国民商法.北京:中国政法大学出版社,1997.

[24] 卡尔·拉伦茨.德国民法通论.王晓晔等,译.北京:法律出版社,2013.

[25] 卡多佐.法律的生长 法律科学的悖论.董炯、彭冰译.北京:中国法制出版社,2002.

[26] 李永军.合同法.北京:法律出版社,2004.

[27] 罗伯特·考特,托马斯·尤伦.法和经济学.史晋川等,译.上海:格致出版社、上海人民出版社,2012.

[28] 刘承韪.英美法对价原则研究:解读英美合同法王国中的"理论与规则之王".北京:法律出版社,2006.

[29] 马新彦.现代私法上的信赖法则.北京:社会科学文献出版社,2010.

[30] P·S·阿蒂亚.合同法导论.赵旭东等,译.北京:法律出版社,2002.

[31] 邱雪梅.先合同责任研究.广州:暨南大学出版社,2016.

[32] 孙良国.合同法中预期与信赖保护研究.北京:法律出版社,2016.

[33] 沈宗灵.法律社会学.太原:山西人民出版社,1987.

[34] 托马斯·莱塞尔.法社会学基本问题.王亚飞,译.北京:法律出版社,2014.

[35] 维尔纳·弗卢梅.法律行为论.迟颖,译.北京:法律出版社,2013.

[36] 王利明.民商法研究.北京:法律出版社,1999.

[37] 王利明.违约责任论.北京:中国政法大学出版社,1996.

[38] 王利明.法律解释学.北京:中国人民大学出版社,2016.

[39] 王泽鉴.民法学说与判例研究.北京:北京大学出版社,2015.

[40] 王泽鉴.债法原理.北京:北京大学出版社,2009.

[41] 小奥利弗·温德尔·霍姆斯.普通法.冉昊,译.北京:中国政法大学出版社,2006.

[42] 熊丙万.私法的基础:从个人主义走向合作主义.北京:中国法制出版社,2018.

[43] 徐涤宇.原因理论研究.北京:中国政法大学出版社,2005.

[44] 徐国栋.民法基本原则解释.北京:北京大学出版社,2013.

[45] 休谟.人性论.关文运,译.北京:商务印书馆,1996.

[46] 斯蒂文·萨维尔.法律的经济分析.柯华庆,译.北京:中国政法大学出版社,2008.

[47] 亚里士多德.尼各马可伦理学.廖申白,译.北京:商务印书馆,2019.

[48] 杨仁寿.法学方法论.北京:中国政法大学出版社,1999.

[49] 叶金强.信赖原理的私法结构.北京:北京大学出版社,2014.

[50] 优士丁尼.法学阶梯.徐国栋,译.北京:中国政法大学出版社,1999.

[51] 张民安.法国民法.北京:清华大学出版社,2015.

[52] 张善根.法律信任论.北京:中国法制出版社,2018.

[53] 张建军.格式合同的司法规制研究.北京:中国政法大学出版社,2014.

[54] 朱塞佩·格罗素.罗马法史.黄风,译.北京:中国政法大学出版社,1998.

[55] 郑玉波.民法总则.北京:中国政法大学出版社,2003.

[56] 朱庆育.民法总论.北京:北京大学出版社,2016.

[57] 中国民法典草案建议稿.中国民法典草案建议稿附理由:合同编.北京:法律出版社,2013.

[58] 中国社会科学院语言研究所词典编辑室.现代汉语词典.6版.北京:商务印书馆,2012.

[59] 最高人民法院民事审判第一庭.最高人民法院关于审理商品房买卖合同纠纷件司法解释的理解与适用.北京:人民法院出版社,2003.

[60] 崔建远,戴孟勇.合同自由与法治//高鸿钧等.法治:理念与制度.北京:中国政法大学出版社,2002年.

[61] 崔建远.论合同目的及其不能实现.吉林大学社会科学学报,2015,3,41-43.

[62] 崔建远.合同一般法定解除条件探微.法律科学,2011,6,121-127.

[63] 陈进.德国法上框架合同理论的演变及启示.政治与法律,2013,1,125-

136.

[64] 陈融.探寻契约效力的哲理源泉.华东师范大学学报,2011,1,66.

[65] 陈融.合同效力基础的伦理解释:以托马斯·阿奎那的道德法哲学为核心.政法论丛,2012,3,112-116.

[66] 董灵.论合同法诚信原则的经济学基础.广东社会科学,2006,5,98.

[67] 付建华.托马斯·阿奎那的正义思想.齐鲁学刊,2018,3,56-59.

[68] 黄芬.重大误解的解释论解析.社会科学战线, 2019, 12,199-200.

[69] 韩慧.法律制度的效率价值追求.山东师大学报,2000,1,14.

[70] 韩世远.民法典合同编一般规定与合同订立的立法问题.法学杂志,2019,3,27.

[71] 韩世远.根本违约论.吉林大学社会科学学报,1999,4,33.

[72] 韩世远.民事法律行为解释的立法问题.法学,2003,12,65-68.

[73] 韩世远.重大误解解释论纲.中外法学, 2017, 3,683.

[74] 梁慧星.关于民法典分则草案的若干问题.法治研究,2019,4,6.

[75] 梁慧星.从近代民法到现代民法:二十世纪民法回顾.中外法学,1997,2,24.

[76] 刘承韪.预约合同层次论.法学论坛,2013,6,34.

[77] 刘承韪.民法典合同编的立法建议.法学杂志,2019,3,33.

[78] 李俊.论允诺的效力体系.法商研究,2017,6,107-113.

[79] 李宁.基础回填:民法总则中的意思表示与法律行为一般规则.华东政法大学学报,2017,3,22-24.

[80] 李永军.契约效力的根源及其正当化说明理论.比较法研究,1998,3,225.

[81] 李永军.论私法合同中意志的物化性:一个被我国立法、学理与司法忽视的决定合同生效的因素.政法论坛,2003,5,123.

[82] 李永军.论债因在合同法中的作用.当代法学,2018,2,94.

[83] 刘勇."欺诈"的要件重构与立法课题:民法典的编纂为背景.东南大学学报,2016,5,66-68.

[84] 陆青.《买卖合同司法解释》第2条评析.法学家,2013,3,119-121.

[85] 罗纳德·波斯顿.美国合同法的当前发展趋势.张礼洪,译.外国法译评,1995,1,71-73.

[86] 郭翔峰.合同约束力的判断标准:以"法内""法外"之间的允诺为分析对象.中南大学学报,2010,3,57-62.

［87］马宁.保险法中的合理期待:从规则向原则的回归.比较法研究,2015,5,76-77.

［88］马新彦.信赖与信赖利益考.法律科学,2000,3,77-83.

［89］马新彦.信赖规则之界定.法制与社会发展,2002,3,89.

［90］裴明学.缔约过失责任与允诺禁反言原则比较研究.现代法学,2004,2,110.

［91］冉克平.论私法上的合意及其判定.现代法学,2014,5,58.

［92］冉克平.论汽车经销商的缔约欺诈及惩罚性赔偿.广东社会科学,2020,2,242.

［93］冉克平:民法典总则视野下意思表示错误制度的构建.法学,2016,2,114-116.

［94］孙博亚.网购合同格式条款控制的模式选择.学术交流,2019,12,87.

［95］隋彭生.论要约邀请的效力及容纳规则.政法论坛,2004,1,97-90.

［96］苏盾.中西方诚信观溯源及比较.理论界,2005,11,139.

［97］汤文平.民法典合同编立法问题刍议.法学杂志,2018,4,10-11.

［98］秦立威等.《法国民法典:合同法、债法总则和债之证据》法律条文及评注.北航法律评论,2016,193.

［99］綦骏.论广告进入契约的可能性及其实现.法商研究,2005,1,72.

［100］［奥地利］瓦尔特·维尔伯格.私法领域内动态体系的发展.李昊,译.苏州大学学报(法学版),2015,4,113-114.

［101］王敬华.论要约邀请的法律意义之有无.武汉大学学报,2007,2,274-277.

［102］王敬华.论要约邀请的内容与合同内容之间的容纳关系:兼论我国《合同法》相关条款的完善.法学杂志,2010,5,107-108.

［103］王峥.信赖法则对传统契约法价值的继承和超越.社会科学家,2007,1,83.

［104］徐涤宇.合同效力正当性的解释模式及其重建.法商研究,2005,3,43-45.

［105］肖斌.《消费者权益保护法》中"欺诈行为"的认定.河北法学,2015,10,83.

［106］谢鸿飞.论创设法律关系的意图:法律介入社会生活的限度.环球法律评论,2012,3,14.

［107］解亘.我国合同拘束力理论的重构.法学研究,2011,2,83.

［108］谢增毅.诚实信用原则与合同义务的扩张.社会科学辑刊,2002,3,60-61.

[109] 杨彪,叶琪.意向书的法律拘束力.中山大学学学报,2016,6,167-168.

[110] 杨代雄.《合同法》第14条(要约的构成)评注.法学家,2018,4,178.

[111] 杨代雄.意思表示解释的原则.法学,2020,7,54.

[112] 叶金强.合同解释:私法自治、信赖保护与衡平考量.中外法学,2004,1,68.

[113] [德]耶尔格·诺伊尔.何为意思表示?.纪海龙,译.华东政法大学学报,2014,5,51-52.

[114] 张华、沈忱.要约邀请、要约和承诺的效力认定.法律适用,2013,9,66.

[115] 张金海.论意思表示解释中的"知道与可以合理地期待知道规则".政治与法律,2016,4,86.

[116] 朱宁宁.合同订立前的允诺应否值千金.法制日报,2019.1-8,5.

[117] 赵旭东.论合同的法律约束力与效力及合同的成立与生效.中国法学,2000,1,80.

[118] 薛军.论合同当事人合意范围的界定与内容合并条款:以中国《民法典》为中心的解释论构造.社会科学辑刊,2022,2,72.

[119] 法制日报.签订合同前说好的事情、许下的诺言,到底能不能信? 算不算数.(2019-8-25).https://new.qq.com/omn/20190106/20190106A0XDBH.html.

[120] 王利明.关于《民法典分编(草案)·合同编》的意见.(2019-06-26).http://www.civillaw.com.cn/zt/t/? id=34837.121] Arthur L. Corbin,*Corbin on Contracts*. Eagan:West Publishing Company,1952.

[122] Bluebook, Warranties, Disclaimers and the Parol Evidence Rule, 53 *Columbia Law Review* (1953) 858.

[123] Catherine Mitchell, *Interpretation of Contracts*. New York & London:Routledge-Cavendish, 2007.

[124] E. Allan Farnsworth, *Contracts*. New York:Aspen Law & Business,1999.

[125] Jack Beatson, Andrew Burrows, John Cartwright, *Anson's law of contract*. Oxford:Oxford University Press, 2010.

[126] James Gordley, *The Philosophical Origins of Modern Contract Doctrine*. Oxford:Clarendon Press,2011.

[127] John Cartwright, Stefan Vogenauer, Simon Whittaker, *Reforming the French Law of Obligations*. London:Hart Publishing, 2009.

[128] John Henry Wigmore, *A Treatise on the Anglo-American System of Evidence in Trials at Common Law*. New York: Little Brown and Company, 1940.

[129] Huge Collins, *Regulating Contracts*. Oxford: Oxford University Press, 2003.

[130] Gerrit de Geest, *Contract Law and Economics*. Northampton: Edward Elgar Publishing, 2011.

[131] G. H. Treitel, *The Law of Contract*. London: Sweet & Maxwell, 2003.

[132] Lord Alfred Denning, *The Discipline of Law*. Oxford: Oxford University Press, 2005.

[133] Melvin A. Eisenberg, *Foundational Principles of Contract Law*. Oxford: Oxford University Press, 2018.

[134] Melvin A. Eisenberg, *Gilbert Law Summaries: Contracts*. Chicago: BarBri Group, 2002.

[135] P. S. Atiyah, *Pragmatism and Theory in English Law*. London: Stevens & Sons Ltd, 1987.

[136] P.S. Atiyah, *Fuller and the Theory of Contract in Essays on Contract*. Oxford: Clarendon Press, 1986.

[137] Richard A. Posner, *Economic Analysis of Law*. New York: Aspen Publishers, 2002.

[138] Samuel Williston, *A Treatise on the Law of Contracts*. Rochester: Lawyers Cooperative Publishing, 1961.

[139] Samuel P. Huntington, *The Clash of Civilizations and the Remaking of World Order*. New York: Simon & Schuster, 1996.

[140] Adri Du Plessis, "Pre-Contractual Misrepresentation, Contractual Terms, and the Measure of Damages when the Contract Is Upheld", 125 *The South African Law Journal* (2008) 413.

[141] Alan M. White, Cathy Lesser Mansfield, "Literacy and Contract", 13 *Stanford Law & Policy Review* (2002) 233.

[142] Alan Schwartz & Robert E. Scott, "Contract Interpretation Redux", 119 Yale Law Journal (2010) 926.

[143] Alan Schwartz & Robert E. Scott, "Precontractual Liability and Preliminary Agreements", 120 *Harvard Law Review* (2007) 661.

[144] Arthur L. Corbin, "The Parol Evidence Rule", 53 *Faculty Scholarship Se-*

ries（1944）603.

［145］Arthur L. Corbin，"Interpretation of Words and the Parol Evidence Rule"，
50 *Cornell Law Review*（1965）161.

［146］Bailey H. Kuklin，The Justification for Protecting Reasonable Expectations，
29 *Hofstra Law Review*（2001）863.

［147］Ben Mcfarlane，"The Protection of Pre-Contractual Reliance：A Way For-
ward?"，9 *Oxford University Commonwealth Law Journal*（2010）95.

［148］Bluebook，"Warranties，Disclaimers and the Parol Evidence Rule"，53 *Co-
lumbia Law Review*（1953）858.

［149］Calamari &Perillo，"A Plea for a Uniform Parol Evidence Rule and Princi-
ples of Contract Interpretation"，42 *Indiana Law Journal*（1967）333.

［150］Childres & Spitz，"Status in the Law of Contract"，47 *New York University
Law Review*（1972）.

［151］Comment "The Parol Evidence Rule and Third Parties"，41 *Fordham Law
Review*（1973）945.

［152］D. W. Greig，"Expectations in Contractual Negotiations"，5 *Monash Univer-
sity Law Review*（1979）165.

［153］David McLauchlan，"Contract Interpretation：What is it About"，31 *Sydney
Law Review*（2009）5.

［154］David G. Epstein，Melinda Arbuckle，Kelly Flanagan，"Contract Law's
Two P.E.'s：Promissory Estoppel and the Parole Evidence Rule"，62 *Bay-
lor Law Review*（2010）397.

［155］Devin Looijen，"Time for a Change：The Schema of Contract in the Digital
Era"，2 *Journal on Telecommunications and High Technology Law*（2010）
547.

［156］Donald Nicholls，"My Kingdom for a Horse：The Meaning of Words"，121
Law Quarterly Review（2005）577.

［157］Eric Posner，"Parol Evidence Rule，the Plain Meaning Rule，and the Prin-
ciples of Contractual Interpretation"，146 *University of Pennsylvania Law
Review*（1997）533.

［158］E. Allan. Farnsworth，"'Meaning' in the Law of Contracts"，76 *Yale Law
Journal*（1967）939.

[159] E. Allan. Farnsworth, "Good faith Performance and Commercial Reasona-bleness under the Uniform Commercial Code", 30 *University of Chicago Law Review* (1963) 666.

[160] Eggleston, Karen, Eric Posner, and Richard Zeckhauser, "The Design and Interpretation of Contracts: Why Complexity Matters", 95 *Northwestern University Law Review* (2000) 91.

[161] Ewan McKendrick, "Interpretation of Contracts and the Admissibility of Pre-Contractual Negotiations", 17 *Singapore Academy of Law Journal* (2005) 248.

[162] Friedrich Kessler, "The Contracts of Adhesion--Some Thoughts about Free-dom of Contract Role of Compulsion in Economic Transactions", 43 *Columbia Law Review* (1943) 629.

[163] J. L. Austin, "A Plea for Excuse", 57 *Proceedings of the Aristotelian Society* (1956-1957)1.

[164] James Gordley, "Enforcing promises", 83 *California Law Review* (1995) 547.

[165] Jay M. Feinman, "Good Faith and Reasonable Expectations", 67 *Arkansas Law Review* (2014) 525.

[166] Jay M. Feinman, "Promissory Estoppel and Judicial Method", 97 *Harvard Law Review* (1984) 678.

[167] Juanda Lowder Daniel, "K.I.S.S. the Parol Evidence Goodbye: Simplifying the Concept of Protecting the Parties' Written Agreement", 57 *Syracuse Law Review* (2007) 227.

[168] Hadfield, Gillian K, "Incomplete Contracts and Statutes", 12 *International Review of Law and Economics* (1992) 257.

[169] Gary L. Birnbaum, Louis A. Stahl, Michael P. West, "Standardized Agree-ments and the Parol Evidence Rule: Defining and Applying the Expectations Principle", 26 *Arizona Law Review* (1984) 793.

[170] George I. Wallach, "The Declining Sanctity of Written Contracts-Impact of the Uniform Commercial Code on the Parol Evidence Rule", 44 *Missouri Law Review* (1979) 651.

[171] Geis, George, "An Embedded Options Theory of Indefinite Contracts", 90

Minnesota Law Review（2006）1664.

[172] Gillan K. Hadfield, "Problematic Relations: Franchising and the Law of Incomplete Contracts", 42 *Stanford law review*（1990）927.

[173] Gregory Klass, "Parol Evidence Rules and the Mechanics of Choice", 20 *Theoretical Inquiries in Law*（2019）457.

[174] Keeton, "Insurance Law Rights at Variance with Policy Provisions", 83 *Harvard Law Review*（1970）961.

[175] Kevin M. Teeven, "Origins of Promissory Estopple: Justifiable Reliance and Commercial Uncertainty Before Williston's Restatement", 34 *University of Memphis Law Review*（2004）499.

[176] Leon E. Trakman & Kunal Sharma, "The Binding Force of Agreements to Negotiate in Good Faith", 73 *Cambridge Law Journal*（2014）598.

[177] Lon L. Fuller, "Consideration and Form", 41 *Columbia Law Review*（1941）799.

[178] Lord Steyn, "Contract Law: Fulfilling the Reasonable Expectations of Honest Men", 113 *Law Quarterly Review*（1997）433.

[179] Lucian Arye Bebchuk & Omri Ben-Shahar, "Precontractual Reliance", 30 *The Journal of Legal Studies*（2001）423.

[180] Mark K. Glasser, Keith A. Rowley, "On Parol: The Construction and Interpretation of Written Agreements and the Role of Extrinsic Evidence in Contract Litigation", 49 *Baylor Law Review*（1997）657.

[181] Melvin Aron Eisenberg, "The Emergence of Dynamic Contract Law", 2 *Theoretical Inquiries in Law*（2001）1.

[182] Melvin A. Eisenberg, "The Responsive Model of Contract Law", 36 *Stanford Law Review*（1984）.

[183] Melvin A. Eisenberg, "The Principles of Consideration", 67 *Cornell Law Review*（1982）.

[184] Michael B. Metzger, "The Parol Evidence Rule: Promissory Estoppel's Next Conquest", 36 *Vanderbilt Law Review*（1983）1383.

[185] Morris R. Cohen, "The Basis of Contract", 46 *Harvard Law Review*（1933）553.

[186] Nacia E. Nedzel, "A Comparative Study of Good Faith, Fair Dealing, and

Precontractual Liability", 12 *Tulane European & Civil Law Forum* (1997) 97.

[187] Paolo Torzilli, "The Aftermath of MCC-Marble: Is This the Death Knell for the Parol Evidence Rule", 74 *ST. John's Law Review* (2000) 843.

[188] Ralph B. Lake, "Letters of Intent: A Comparative Examination Under English, U.S., French, and West German Law", 18 *George Washington Journal of International Law and Economics* (1984) 331.

[189] Randy E. Barnett, "Some Problems with Contract as Promise", 77 *Cornell Law Review* (1992) 1022.

[190] Richard F. Broude, "The Consumer and the Parol Evidence Rule: Section 2-202 of the Uniform Commercial Code", 1970 *Duke Law Journal* (1970) 881.

[191] Richard A. Posner, "The Law and Economics of Contract Interpretation", 83 *Texas Law Review* (2005) 1581.

[192] Robert Scott, "A Theory of Self-Enforcing Indefinite Agreements", 103 *Columbia Law Review* (2003) 1641.

[193] Ronald J. Gilson, Charles F. Sabel, Robert E. Scott, "Text and Context: Contract Interpretation as Contract Design", 100 *Cornell Law Review* (2014) 23.

[194] Robert W. Emerson, "Franchising and the Parol Evidence Rule", 50 *American Business Law Journal* (2013) 659.

[195] Samuel J. Stoljar, "Ambiguity of Promise", 47 *Northwestern University Law Review* (1952-1953) 1.

[196] Samuel J. Stoliar, "Promise, Expectation and Agreement", 47 *Cambridge Law Journal* (1988) 193.

[197] Schwartz, Alan and Robert E. Scott, "Contract Theory and the Limits of Contract Law", 113 *Yale Law Journal* (2003) 541.

[198] Shavell, Steven, "On the Writing and Interpretation of Contracts", 22 *Journal of Law, Economics and Organization* (2006) 289.

[199] Solene Rowan, "The New French Law of Contract", 66 *International and Comparative Law Quarterly* (2017) 805.

[200] Trakman, "Interpreting Contracts: A Common Law Dilemma", 59 *La Revue*

Du Barreau Canadien (1981) 241.

[201] W. David Slawson, "The New Meaning of Contract: The Transformation of Contracts Law by Standard Forms", 46 *University of Pittsburgh Law Review* (1984) 21.

[202] Andrew Tetley Aurélie Lopez. "Pre-contractual negotiations － a new codified French regime". Last modified November 23,2019. https://www.reed-smith. com/en/perspectives/2017/02/ precontractual-negotiations-a-new-codified-french.

[203] Chief Justice J J Spigelman, "From Text to Context: Contemporary Contractual Interpretation' (Speech delivered at the Risky Business Conference)", Last modified March 21, 2007. http://www. supremecourtjustice. nsw. gov. au/Documents/Publications/Speeches/Pre2015% 2OSpeeches/Spigelman/ spigelman speeches 2007.pdf.

[204] Marc Primack, Representations, Warranties and Covenants: Back to the Basics in Contracts, The National Law Review, Last modified February 21, 2007. http: // www. natlawreview. com/article/representations-warranties-and-covenants-back-to-basics-contracts.